# LE
# MESSAGE
## DE LA
# CROIX

# LE
# MESSAGE
## DE LA
# CROIX

Dr. Jaerock Lee

URIM
BOOKS

**LE MESSAGE DE LA CROIX** par Dr. Jaerock Lee
Publié par Urim Books (représentant: Kyungtae Noh)
73, Yeouidaebang-ro 22-gil, Dongjak-gu, Séoul, Corée
www.urimbooks.com

Sauf si autrement spécifié, toutes les citations proviennent de la Bible de Genève, traduction LOUIS SEGOND.

Copyright © 2014 par Dr. Jaerock Lee
ISBN: 978-89-7557-597-6
Traduit en anglais par Dr. Esther K. Chung. Copyright © 2005. Fait avec permission.

Déjà publié en Coréen par Urim Livres, Seoul, Corée, 2002

*Première édition Mars 2005*
*Seconde édition Février 2007*
*Troisième édition Février 2012*
*Quatrième édition Septembre 2014*

Edité par Dr. Geumsun Vin
Désigné par Le Bureau Editorial de: Urim Books
Pour plus d'informations, contacter: urimbook@hotmail.com

# PREFACE

Notre désir est que vous compreniez le coeur de Dieu et Son grand plan d'amour, et que vous établissiez une fondation solide pour votre foi.

*Le Message de la Croix* a conduit un nombre important de personnes sur le chemin du salut depuis 1986, et a démontré les œuvres incalculables du Saint-Esprit au cours de nombreuses croisades outremer. Finalement, Dieu le Père m'a béni pour le publier. Je lui donne toute reconnaissance et gloire pour cela.

Beaucoup de gens disent qu'ils croient en Dieu le Créateur, et connaissent l'amour de Son Fils Jésus-Christ, mais sont incapables de prêcher l'Evangile avec assurance. En fait un petit nombre de chrétiens comprennent le cœur et la providence de Dieu. De plus, certains chrétiens sont séparés de Dieu parce qu'ils n'ont pas reçu de réponses claires aux nombreuses questions posées dans la Bible, ni compris le mystère de la providence de l'amour de Dieu.

Par exemple, que diriez-vous si on vous posait les trois

questions suivantes : «Pourquoi Dieu a-t-il placé l'arbre de la connaissance du bien et du mal et pourquoi a-t-il permis que l'homme en mange?», «Pourquoi Dieu a-t-il créé l'enfer malgré qu'il ait sacrifié Son Fils Jésus-Christ pour les pécheurs?» et «Pourquoi Jésus est-il le seul Sauveur?»

J'ai été incapable de comprendre la profonde providence de création de Dieu et la providence secrète, cachée derrière la croix, pendant les premières années de ma vie Chrétienne. Après mon appel en tant que ministre de l'évangile, je me suis posé la question «Comment puis-je amener un nombre incalculable de gens sur le chemin du salut et glorifier Dieu?» Je me suis imposé le fait que je devais comprendre toutes les paroles de la Bible, y compris les passages les plus difficiles, les saisir au travers de l'interprétation divine, et les prêcher dans le monde entier. J'ai jeûné chaque fois que je le pouvais et j'ai prié pour cela. Sept années ont passé avant que Dieu ne commence à me les révéler.

En 1985, alors que je priais instamment, je fus rempli du Saint-Esprit. Il commença à révéler la providence secrète de Dieu qui avait été cachée. C'était le message de la croix. Je l'ai prêché chaque dimanche au culte du matin pendant 21 semaines. Les cassettes enregistrées de ce message de la croix ont influencé la vie de nombreuses personnes au pays et outremer. Partout où ce message était prêché, le Saint-Esprit travaillait comme un feu dévorant. De nombreuses personnes se repentaient de leurs péchés et voyaient leurs maladies et infirmités guéries. Ils ont rejeté leurs doutes concernant la providence de Dieu et ont reçu la vraie foi et la vie éternelle. Jusqu'alors, ils ne connaissaient pas

Dieu, ni son grand amour correctement. Ils ont commencé à comprendre le plan de Dieu, l'ont rencontré, et reçurent l'espérance de la vie éternelle au travers de ce message.

Si vous comprenez clairement pourquoi Dieu a placé l'arbre de la connaissance du bien et du mal dans le jardin d'Eden, vous pouvez comprendre Sa providence pour l'être humain, et vous aimerez Dieu encore plus profondément. De plus, en connaissant la vraie raison de votre vie, vous serez en mesure de combattre vos péchés au point de répandre le sang, de faire votre possible pour ressembler au cœur du Seigneur Jésus-Christ, et d'être fidèles à Dieu jusqu'à la mort.

*Le Message de la Croix* vous montrera la providence secrète de Dieu, qui était cachée dans la croix, et vous aidera à poser un fondement ferme pour une vie chrétienne véritable. Pour cela, quiconque lit ce livre sera capable de comprendre la providence profonde et l'amour de Dieu, d'avoir une foi véritable, et d'établir et de mener une vie chrétienne qui est agréable à Ses yeux.

Je donne tous mes remerciements à la directrice et au personnel du Bureau d'Edition, qui ont produit tous leurs efforts pour publier ce livre. Qu'un nombre incalculable de gens puisse comprendre la profonde providence de Dieu, rencontrer le Dieu d'amour, et être sauvés en tant que véritables enfants de Dieu – Je bénis tout ceci au nom du Seigneur Jésus-Christ!

*Jaerock Lee*
De ma maison de prière

# INTRODUCTION

*Le Message de la Croix* est la sagesse et la puissance de Dieu, un message que chaque chrétien dans le monde doit accepter!

Je donne toute reconnaissance et gloire à Dieu le Père qui nous a conduit à publier *Le Message de la Croix*. Tant de membres de Manmin attendaient cette publication.

Ce livre donne des réponses claires à de nombreuses questions que beaucoup de chrétiens se posaient : A quoi ressemblait Dieu le Créateur, avant le commencement? Pourquoi Dieu a-t-Il créé l'homme et l'a-t-Il fait vivre sur la terre? Pourquoi Dieu a-t-Il placé l'arbre de la connaissance du bien et du mal au milieu du jardin d'Eden? Pourquoi Dieu a-t-Il envoyé Son unique Fils comme sacrifice expiatoire? Pourquoi Dieu a-t-Il planifié la providence du salut au travers d'une croix rude? Toutes ces questions et de nombreuses autres.

Ce livre est constitué de messages remplis du Saint-Esprit prêchés par le Révérend Dr. Jaerock Lee qui vont ouvrir votre entendement afin que vous sachiez et compreniez, le profond, large et grand amour de Dieu.

Chapitre 1, «Dieu le Créateur et la Bible», vous introduit Dieu et vous montre comment, et prouve que la théorie de l'évolution est fausse et la création de Dieu vraie. Il travaille au milieu de vous. Au long de ce chapitre vous trouverez l'évidence du Dieu vivant et vous réaliserez la réalité de la Bible à la lumière de l'histoire de l'humanité.

Chapitre 2, «Dieu crée et cultive l'homme», témoigne de ce que Dieu a créé toutes choses dans l'univers et formé l'homme à Son image. De plus, ce chapitre vous enseigne la véritable signification de la vie humaine et la raison pour laquelle il a créé l'être humain en tant que Son véritable enfant spirituel.

Chapitre 3, «L'arbre de la connaissance du bien et du mal», fournit des réponses à la question fondamentale pour tous les chrétiens : pourquoi Dieu a-t-Il planté cet arbre de la connaissance du bien et du mal? Ce chapitre explique en détails cette raison et vous aide à comprendre l'amour profond et le mystère de la providence divine qui fait croître l'être humain sur la terre.

Chapitre 4, «Le secret caché que Dieu, avant les siècles avait prédestiné», explique la relation entre la loi de la rédemption du terrain et la loi spirituelle du salut humain (Lévitique 25). Il explique aussi pourquoi tous les hommes devaient se trouver sur le chemin de la mort à cause de leurs péchés, mais Dieu a préparé le merveilleux chemin de leur salut longtemps avant le début des temps. Finalement, il vous enseigne pourquoi Dieu a caché le merveilleux chemin du salut jusqu'au temps que Lui-même a choisi, et comment Jésus est qualifié pour remplir les conditions de la loi de rédemption du terrain.

Chapitre 5, «Pourquoi Jésus est-il notre seul Sauveur?», explique comment ce plan divin de salut qui avait été caché depuis le début des temps a été accompli au travers de Jésus-Christ, la raison pour sa crucifixion, les bénédictions et droits des enfants de Dieu, la signification du nom «Jésus-Christ», la raison pour laquelle Dieu n'a donné aucun autre nom sous les cieux, si ce n'est celui de Jésus-Christ, par lequel nous puissions être sauvés, et ainsi de suite.... Vous allez ressentir l'incommensurable amour divin si vous comprenez le sens spirituel de la profondeur du message de ce chapitre.

Chapitre 6, «La providence de la croix», vous révèle la signification profonde des souffrances de Jésus. Pourquoi Jésus est-Il né dans une étable et a-t-Il été couché dans une mangeoire d'animaux, s'il est vraiment le Fils de Dieu? Pourquoi a-t-Il été pauvre toute sa vie? Pourquoi a-t-Il été flagellé sur tout le corps, couronné d'épines et cloué mains et pieds? Pourquoi a-t-Il enduré la souffrance au point de verser sang et eau? Ce chapitre donne de vraies réponses à toutes ces questions et vous aide à comprendre la signification spirituelle de ses souffrances. Toutes espèces de maladies et d'infirmités, aussi bien que de problèmes, telles que la pauvreté, les discordes familiales, les difficultés dans les affaires, et ainsi de suite seront résolues au travers de votre compréhension de la signification spirituelle des souffrances de Jésus. Ce chapitre vous apprend à connaître la profondeur de l'amour de Dieu, d'abandonner toute espèce de mal et de participer à la nature divine.

Chapitre 7, «Les sept dernières paroles de Jésus à la croix», explique la signification spirituelle des sept dernières paroles de Jésus à la croix avant Sa mort. Au travers de ces sept paroles à la croix, Il a accompli Sa mission qu'Il avait reçue de Son Père Dieu. Ce chapitre insiste sur le fait que vous compreniez le grand amour de Jésus pour l'humanité, attendiez son Retour, et combattiez le bon combat jusqu'à la fin, dans l'espoir de la résurrection.

Chapitre 8, «La vraie foi et la vie éternelle», nous expliquent que nous devenons un avec notre époux Jésus-Christ uniquement par la foi véritable. La Bible nous prévient à propos de plusieurs qui disent croire dans le Sauveur Jésus-Christ, mais ne sauront être sauvés au jugement du Dernier Jour. La Bible insiste non seulement sur le fait d'accepter Jésus-Christ, mais aussi sur le fait de manger la chair du Fils de l'homme et de boire Son sang pour atteindre le salut éternel. Vous pouvez obtenir la foi véritable, qui vous conduira vers le chemin du salut, lorsque vous mangez Sa chair et buvez Son sang. Ce chapitre vous enseigne aussi la nature de la foi véritable, comment l'obtenir, et ce que vous devez faire pour recevoir l'entièreté du salut.

Chapitre 9, «Naître d'eau et d'Esprit», d'abord mentionne le discours de Jésus à Nicodème. Ce chapitre conclut *Le Message de la Croix*. Votre cœur doit être renouvelé continuellement par l'eau et le Saint-Esprit jusqu'à ce que Jésus revienne et vous devez maintenir tout votre être, corps, âme et esprit pur lors de la seconde venue du Seigneur Jésus-Christ, le moment où le Seigneur va vous recevoir en tant que sa belle épouse.

Chapitre 10, «Qu'est-ce que l'hérésie?», pénètre la nature de l'hérésie, et traite de la fausse et négative interprétation que beaucoup de chrétiens ont d'elle. Aujourd'hui, de nombreuses personnes se trompent en blâmant de nombreuses et puissantes œuvres de Dieu en les traitant de fausses ou d'hérétiques, parce qu'ils ne connaissent pas la définition biblique de l'hérésie. Ce chapitre vous prévient que vous ne devez jamais blâmer ou condamner les œuvres du Saint-Esprit comme étant hérétiques, et il explique l'hérésie, comment vous devez discerner entre l'Esprit de vérité et celui du mensonge, ainsi que certaines dénominations hérétiques. Finalement, ce chapitre insiste sur le fait que vous devez prendre garde et prier continuellement, demeurer dans la vérité, de manière à ne pas être tenté par l'esprit de mensonge ou de tentation.

L'apôtre Paul a dit à propos du message de la croix, la sagesse de Dieu dans 1 Corinthiens 1 :18, «*car la prédication de la croix est une folie pour ceux qui périssent ; mais pour nous qui sommes sauvés, elle est une puissance de Dieu*». Chacun peut avoir la vraie foi, rencontrer le Dieu vivant et jouir pleinement d'une vie chrétienne, lorsqu'il comprend le secret caché derrière la croix et réalise la profonde providence de l'amour de Dieu pour l'humanité.

*Le Message de la Croix* est l'enseignement de base de notre vie. C'est pourquoi je prie au nom du Seigneur que vous allez poser le fondement de votre vie chrétienne et atteindre le salut et la vie éternelle.

**Geumsun Vin**
Directrice du Bureau d'Edition

# CONTENU

**Chapitre 1**

# DIEU LE CRÉATEUR ET LA BIBLE

- Dieu est le Créateur
- Je suis celui qui suis
- Dieu est omniscient et omnipotent
- Dieu est l'auteur de la Bible
- Chaque parole de la Bible est vraie

*Au commencement,*
*Dieu créa les cieux et la terre.*

Genèse 1:1

# Dieu est le Créateur

Aujourd'hui il y a un nombre incalculable de livres dans le monde, mais aucun autre livre que la Bible ne vous donne des réponses claires et détaillées au sujet de l'origine de la création de l'univers ainsi que sur le commencement et la fin de la race humaine. La Bible donne une réponse claire sur les questions concernant l'origine de l'univers et de la vie. Genèse 1 :1 dit *«Au commencement, Dieu créa les cieux et la terre»* et Hébreux 11 :3 dit *«C'est par la foi que nous reconnaissons que le monde a été formé par la parole de Dieu,en sorte que ce qu'on voit n'a pas été fait de choses visibles.»*

Toute chose visible n'a pas été constituée au départ de quelque chose d'existant. Elle a été créée du «néant», sur ordre de Dieu. L'homme peut façonner quelque chose au départ de quelque chose d'autre qui existe déjà, en fait, en combinant et en transformant les matériaux qui existent déjà, de manière à créer quelque chose, mais il ne peut créer quelque chose au départ de rien.

Il est inimaginable que l'homme puisse créer un être vivant. Même s'il a développé suffisamment de technologie scientifique, pour développer une intelligence artificielle (AI), des ordinateurs, des clones d'agneaux, il ne peut même pas créer une amibe au départ de rien.

Pour cela, les gens extraient des organismes vivants de choses qui ont été données par Dieu, et les combinent de diverses manières. Vous devez savoir qu'il n'y a pas plus que cela.

Donc, vous devez savoir que seul Dieu peut créer quelque chose au départ de rien. Seul Dieu le Créateur a créé l'univers sur Son ordre, et il contrôle l'univers entier, l'histoire mondiale ; la vie et la mort ainsi que les bénédictions et malédictions de l'humanité.

## Evidence qui vous incite à croire en Dieu le Créateur

Tout : une maison, une table et même un ongle sont conçus par quelqu'un. Il va sans dire qu'il a dû y avoir un concepteur de ce vaste univers. Il devait y avoir un propriétaire qui l'a créé et qui le gouverne. Il s'agit de Dieu le Créateur dont la Bible vous parle continuellement.

Lorsque vous observez autour de vous, il y a d'abondantes preuves de la création. Un exemple facile, est l'incroyable nombre de gens vivant sur la terre. Peu importe la langue, l'âge, le sexe, le statut social, chacun a deux yeux, deux oreilles, un nez avec deux narines et une bouche.

Même s'il y a de légères différences d'espèce à espèce, chaque animal a la même structure faciale. Par exemple, un éléphant a un long nez (trompe), mais il est au milieu de son visage et au-dessus de sa bouche. Il n'est pas au dessus des yeux ou en dessous de sa bouche ni même sur le sommet de sa tête. Chaque éléphant a deux narines, deux yeux, deux oreilles et une bouche. Tous les oiseaux dans le ciel et les poissons dans la mer et les rivières ont la même structure.

Non seulement chaque animal a la même structure faciale, mais chaque appareil digestif ou de reproduction chez les mammifères sont identiques également. De la même manière, chacun consomme de la nourriture par la bouche et tout ce qui entre par la bouche rejoint l'estomac et puis ressort du corps. Chaque mammifère rencontre le sexe opposé et donne naissance à sa postérité. Lorsque vous réunissez ces différents facteurs, vous ne pouvez pas dire qu'il y a une coïncidence ou une évolution dictée par un «survivant le plus fort». Rien de tout ceci ne sera jamais expliqué par la théorie de l'évolution.

Pour cela, le fait que les êtres humains et les animaux ont tous deux la même structure organique suffit en tant que preuve de ce que tout a été imaginé par Dieu le Créateur. Si Dieu n'était pas le seul Dieu, mais un dieu parmi de nombreux autres dieux, les créatures auraient un nombre différent d'organes et différentes structures et positions corporelles.

De plus, lorsque vous observez de plus près la nature et l'univers, vous pouvez y trouver d'autres évidences de la création. Combien il est merveilleux de savoir que toutes choses dans le système solaire, telles que la rotation et le mouvement de la terre fonctionnent sans la moindre erreur.

Regardez la montre à votre poignet, elle contient un grand nombre de pièces sophistiquées, mais elle ne fonctionnera pas si la plus petite des pièces manquait. Donc, cet univers a été conçu pour opérer sous la providence divine.

Par exemple, ni l'homme, ni aucune autre forme de vie ne peut exister sans la lune qui tourne autour de la terre. La lune ne pouvait pas être positionnée un peu plus loin, ni un peu plus près de la terre que sa position actuelle. Dieu l'a placée à sa distance propre, afin que l'homme puisse vivre sur la terre.

A cause de la position actuelle de la lune, sa gravitation influence les marées et le flux et reflux de la mer. Cette marée permet à la mer d'être agitée et purifiée. De même, toutes choses dans l'univers ont été créées pour se mouvoir avec précision selon la providence de Dieu.

### Pourquoi certains ne croient-ils pas en Dieu le Créateur?

Certaines personnes croient en Dieu le Créateur et vivent selon Sa parole. Alors, pourquoi des gens qui savent raisonner et chercher pour trouver des réponses à tout par la science, ne croient pas en Dieu le Créateur.

Si vous avez appris que Dieu est vivant et le Dieu Tout Puissant des chrétiens fidèles depuis leur enfance, ce ne doit pas être difficile de croire que Dieu est le Créateur.

Mais aujourd'hui, beaucoup d'entre vous ont été influencé par l'évolutionnisme depuis votre adolescence, et il y a tant de «connaissances» et tout n'est pas nécessairement vrai. Et vous êtes également associés avec ceux qui ne croient pas en Dieu ou doutent de Lui.

Après avoir vécu dans cet environnement si vous allez à l'église et écoutez la parole de Dieu, vous avez rapidement des doutes et des conflits et vous ne pouvez pas croire en Dieu le Créateur, parce que votre formation et votre éducation est en contradiction avec ce que vous apprenez et entendez à l'église.

Tant que vous ne vous débarrassez pas de vos pensées ou connaissances que vous avez apprises dans le monde, et ce même si vous fréquentez l'église sur une base régulière, vous ne pouvez pas avoir de foi spirituelle – une foi générée par Dieu – qui est très éloignée de tout doute.

Vous ne pouvez croire dans le royaume des cieux ou l'enfer sans foi spirituelle. Vous considérez le monde physique comme le véritable monde et vivez selon vos propres voies.

Combien de fois avez-vous vu certaines théories qui avaient été reconnues et acceptées à l'époque et qui ont été renversées ou remplacées par une nouvelle théorie par la suite? Même si ce n'est pas le cas, il est vrai que les théories conventionnelles et les assertions ont été continuellement révisées ou modifiées par de nouvelles découvertes.

Tandis que le temps avance et la science progresse, les gens construisent de meilleures explications et théories, même si elles ne sont pas parfaites. Et je ne dis pas que les recherches des nombreux scientifiques sont toutes fausses.

Il y a toutefois de nombreuses choses sur la terre qui ne peuvent pas être expliquées par la capacité humaine, et vous devez donc reconnaître ce fait.

Par exemple, prenons l'univers, vous n'avez jamais voyagé jusqu'aux confins de l'univers au départ de la terre, et vous n'avez pas non plus remonté le temps vers les périodes anciennes. Malgré cela, des gens essaient d'expliquer l'univers en élaborant diverses hypothèses et théories.

Avant que l'homme n'aille vers la lune, nous avions supposé que «des organismes vivants pourraient exister la haut, ou que des organismes pourraient se trouver quelque part dans le système solaire au-delà de la terre». Cependant, après le voyage de l'homme sur la lune, nous avons annoncé «il n'y a pas d'organismes vivants là-bas». Aujourd'hui, les scientifiques disent «il y a probablement un organisme vivant sur Mars» ou «il y a des traces d'eau sur la Planète Rouge».

Même si vous avez fait des recherches pendant une longue période et augmenté votre connaissance, si vous ne connaissez ni la volonté, ni la providence ni la puissance de Dieu le Créateur, vous allez en fin de compte vous heurter à la limitation de la capacité humaine.

Pour cela, Romains 1 :20 dit que *«En effet, les perfections invisibles de Dieu, sa puissance éternelle et sa divinité, se voient comme à l'œil, depuis la création du monde, quand on les considère dans ses ouvrages. Ils sont donc inexcusables».*

Quiconque ouvre son cœur et médite peut sentir la puissance de Dieu et Sa nature divine au travers de la création, tels que le soleil, la lune et les étoiles – objets par lesquels Dieu vous permet de connaître son existence et de croire en Lui.

## Je suis celui qui suis

En entendant parler de Dieu le Créateur, de nombreuses personnes pourraient se poser la question «Comment a-t-il existé au commencement?» «D'où vient-il?» ou «Sous quelle forme a-t-il existé?»

La connaissance et la pensée de l'homme ne peuvent aller au-delà d'une certaine limite, qui définit qu'il faut qu'il y ait un commencement et une fin à toutes choses. Pour cela, nous voulons des réponses claires à de telles questions. Cependant, Dieu existe au-delà de la compréhension humaine, c'est pourquoi, Il est celui qui «Etait», qui «Est» et qui «Vient».

Exode 3 décrit une scène dans laquelle Dieu donne ordre à Moïse de conduire les enfants d'Israël vers le pays de Canaan. Moïse à son tour demanda à Dieu ce qu'il devait répondre aux Israélites s'ils lui posaient une question au sujet du Nom de Dieu.

A ce moment, Dieu dit à Moïse «Je suis celui qui SUIS», et il lui ordonna de dire «Je SUIS m'a envoyé vers vous».

«Je SUIS» est la phrase que Dieu a utilisé pour faire référence à Lui-même personnellement, ce qui signifie que personne ne Lui a donné naissance, ni l'a créé, mais il est l'être parfait, le Créateur lui-même.

## Dieu était Lumière avec la Voix au commencement

Jean 1:1 dit *«Au commencement était la parole et la parole était avec Dieu, et la Parole était Dieu»*. Dans ce sens Dieu qui était la Parole au début était un être qui existait parfaitement seul, sans avoir été créé. Quand et où a-t-Il existé?

Dieu est Esprit donc Il a été sous la forme de la Parole dans la quatrième dimension, le monde spirituel, et non pas la troisième dimension qui est visible. Dieu n'a existé sous aucune forme, sinon une profonde et merveilleuse lumière avec une voix claire, et il a régi l'univers entier.

Donc, 1 Jean 1 :5 dit *«la nouvelle que nous avons apprise de Lui, et que nous vous annonçons c'est que Dieu est lumière et qu'il n'y a point en Lui de ténèbres».* Ceci a une dimension spirituelle et est l'expression de la nature de Dieu qui était la lumière au commencement.

Au commencement, Dieu existait en tant que lumière avec une voix en dedans. Sa voix est pure, douce et sereine, et elle résonne dans l'univers entier. Ceux qui ont déjà entendu la voix de Dieu personnellement peuvent comprendre cela.

## Dieu était seul avant le commencement des temps

Dieu le Créateur existait avant le commencement des temps, avait planifié de créer Ses vrais enfants spirituels et a mis cela en œuvre. C'est pourquoi, si vous parvenez à comprendre pleinement Dieu Je SUIS, vous allez détruire toutes vos propres pensées, théories et stéréotypes et vous devez plus accepter l'oeuvre de création de notre Dieu.

Contrairement aux choses créées par Dieu, les choses créées par l'homme ont leurs limites et faiblesses. Comme la connaissance et la civilisation des êtres humains progressent continuellement, de meilleurs produits sont développés mais ils ont encore des tas d'imperfections.

Certains fabriquent des idoles d'or, d'argent, de bronze et de métal et les appellent dieux, devant lesquels ils se prosternent et qu'ils prient pour obtenir des bénédictions. Ce ne sont que des images en bois, en métal ou en pierre qui ne peuvent respirer, parler, ni même cligner des yeux (Habakuk 2 :18-19).

Malgré qu'ils prétendent être sages, les gens ne peuvent de fait pas discerner entre la vérité et le mensonge, mais ils font des images et les appellent leur dieu qu'ils adorent (Romains 1 :22-25). Combien cela est-il fou et honteux?

Cependant, si les gens ont adoré et servi des dieux futiles parce qu'ils étaient ignorants de Dieu, ils doivent se repentir réellement, adorer Dieu Je SUIS et accomplir leur tâche en tant que Ses enfants.

## Dieu est omniscient et omnipotent

Dieu le Créateur qui a créé tout l'univers est l'être parfait qui existait avant le commencement des temps, et il est omniscient et omnipotent. La Bible mentionne de nombreux miracles et signes qui ne peuvent être accomplis par la connaissance et la puissance des hommes.

Ces œuvres puissantes du Dieu omniscient et omnipotent «qui est le même hier, aujourd'hui et éternellement» se sont produites pendant la période du Nouveau Testament aussi bien que de l'Ancien Testament au travers de nombreux serviteurs de Dieu qui possédaient Sa puissance.

C'est pourquoi Jésus a dit dans Jean 4 :48 «Si vous ne voyez des miracles et des prodiges, vous ne croyez point». Les gens ne croient pas jusqu'à ce qu'ils aient vu les œuvres du Dieu Tout

Puissant.

## Dieu montre de merveilleux miracles et prodiges

Exode rapporte en détail que le Dieu omnipotent et omniscient a accompli des miracles et des prodiges merveilleux au travers de Moïse, tandis qu'il conduisait les enfants d'Israël vers le pays de Canaan.

Par exemple, lorsque Dieu a envoyé Moïse vers Pharaon le roi d'Egypte, Il l'a frappé lui et son peuple de dix plaies, a permis aux Israélites de marcher sur un sol sec en ouvrant la mer Rouge, et a précipité la terrifiante armée égyptienne dans les flots déchaînés.

Même après l'Exode, l'eau sortit d'un rocher lorsque Moïse le frappa de son bâton, de l'eau amère se transforma en eau douce, et la manne descendit du ciel de manière à ce que des millions de gens puissent vivre sans aucun souci de nourriture.

Plus tard dans l'Ancien Testament, nous voyons Dieu remplir Elie de puissance pour prophétiser trois années et demi de sécheresse, faire revenir la pluie à nouveau à sa prière et ressusciter un mort.

Dans le Nouveau Testament, nous voyons Jésus, le Fils de Dieu ressusciter Lazare qui était mort depuis quatre jours, ouvrir les yeux des aveugles et guérir des multitudes de gens de différentes maladies, d'infirmités et d'esprits impurs. Il marcha sur l'eau et calma le vent et les vagues.

Dieu a accompli des miracles extraordinaires au travers de l'Apôtre Paul, de sorte que, même lorsque des mouchoirs et des tissus qu'il avait touché étaient amenés aux malades, leurs maladies étaient guéries et les esprits impurs les quittaient (Actes 19 :11-12). De nombreux signes ont suivi Pierre qui était un des meilleurs disciples de Jésus. Les gens amenaient les malades dans les rues et les mettaient sur des lits et des grabats, de sorte que seulement l'ombre de Pierre pouvait en couvrir certains lorsqu'il passait (Actes 5 :15).

De plus, Dieu a accompli des miracles et a montré des signes dans la Bible, au travers d'Etienne et de Philippe, et Il continue à les montrer encore aujourd'hui dans notre église.

De nombreuses maladies incurables telles que le cancer, la leucémie et le sida ont été guéries. Les morts ont ressuscité et les paralytiques ont pu se lever, marcher et courir.

Mieux encore, Dieu montre de plus grands signes et des miracles extraordinaires, des prodiges et des choses remarquables ; au travers de la prière au téléphone et avec les mouchoirs sur lesquels j'ai prié, beaucoup de malades sont guéris, des machines défectueuses sont réparées et les désirs du cœur accomplis.

Pour tout cela, quiconque croit au Dieu Tout Puissant et prie selon Sa volonté peut recevoir la réponse à tout ce qu'il demande dans la prière.

## Dieu est l'auteur de la Bible

Dieu est Esprit, donc Il est invisible, mais Il s'est souvent montré de diverses manières. Dieu se révèle généralement au travers de la nature et spécialement par le témoignage des gens qui sont guéris et reçoivent de Lui des réponses. Il se révèle également en détail au travers de la Bible.

Au travers de la Bible vous pouvez connaître le seul vrai Dieu, le rencontrer et atteindre le salut et la vie éternelle en réalisant l'œuvre de Dieu. De plus, vous pouvez mener une vie victorieuse et donner gloire à Dieu en comprenant le cœur de Dieu et en réalisant comment l'aimer et être aimé par Lui (2 Timothée 3 :15-17).

## Toute écriture est inspirée de Dieu

2 Pierre 1 :21 dit *«mais c'est poussés par le Saint-Esprit que des hommes ont parlé de la part de Dieu»* et 2 Timothée 3 :16 dit *«toute parole est inspirée de Dieu»*. Cela signifie que la Bible de Genèse à Apocalypse est la Parole de Dieu qui n'a été écrite que par la volonté même de Dieu.

A cause de cela, il y a de nombreuses phrases telles que «Dieu dit», «Le Seigneur dit», et «le Seigneur Dieu dit». Ceci confirme que la Bible n'est pas la parole d'un homme, mais de Dieu.

La Bible a soixante six livres comprenant trente neuf livres dans l'Ancien Testament et vingt sept livres dans le Nouveau Testament. Le nombre des écrivains est estimé à trente quatre. La période de rédaction de la Bible s'étend de l'an 1500 avant Jésus-Christ à l'an 100 de notre ère, ce qui signifie à peu près 1.600 ans. Ce qui est merveilleux est que malgré que tant d'auteurs différents ont écrit, la Bible dans son entièreté est parfaitement cohérente du commencement à la fin, et chaque verset coïncide avec d'autres.

Ainsi, Esaïe 34 :16 dit *«consultez le Livre de l'Eternel et lisez! Aucun d'eux ne fera défaut, Ni l'un ni l'autre ne manqueront, Car Sa bouche l'a ordonné, c'est Son Esprit qui les rassemblera».*

Cela n'a pu se produire que parce que Dieu est l'auteur originel de la Bible, parce que le Saint-Esprit a régi les cœurs des écrivains et a assemblé les mots. Ce dont vous devez vous souvenir est que les auteurs de la Bible ne sont que des copieurs qui ont obéi à Dieu et Lui seul est l'auteur originel de la Bible.

Prenons un exemple. Supposons une mère âgée qui vit à la campagne. Elle envoie une lettre à son plus jeune fils qui étudie dans une ville. Elle est illettrée, donc, elle dicte son message à son fils aîné. Lorsque le fils cadet reçoit la lettre à la ville, il pensera que c'est sa mère qui lui a envoyé la lettre, pas que c'est son grand frère qui l'a fait, même si c'est le frère aîné qui l'a écrite. C'est la même chose pour la Bible.

## Une lettre d'amour, remplie des promesses et des bénédictions de Dieu

La Bible a été écrite par des serviteurs de Dieu remplis du Saint-Esprit afin de révéler Dieu Lui-même. Vous devez croire que c'est la Parole du Dieu fidèle qui se révèle Lui-même.

La parole de Dieu est esprit et vie ( Jean 6 :63), donc, quiconque la lit et croit en elle gagnera la vie éternelle et son âme recevra une vie abondante. Quiconque croit et obéit à la parole de Dieu va jouir d'une vie prospère et sera un homme parfait de

Dieu, suivant le modèle de Jésus-Christ.

Dieu est venu dans ce monde en chair pour se montrer Lui-même à la race humaine, et cette chair était Jésus. Philippe, un disciple de Jésus était ignorant de cela et demanda à Jésus de lui montrer Dieu. Il n'avait pas réalisé que Jésus était l'incarnation de Dieu, comme pour accomplir un proverbe qui dit «le phare ne brille pas à sa base».

Jean 14 :8 et les versets suivants introduisent le dialogue entre Jésus et Philippe :

> *Philippe lui dit «Seigneur, montre-nous le Père, et cela nous suffit», Jésus lui dit «il y a si longtemps que Je suis avec vous Philippe, et tu ne M'a pas connu! Celui qui m'a vu a vu le Père ; comment dis- tu : montre-nous le Père? Ne crois-tu pas que je suis dans le Père et que le Père est en Moi? Les paroles que je vous dis ne sont pas de Moi-même, et le Père qui est en Moi, c'est Lui qui fait les œuvres.» (Jean 14 :8-10).*

Malgré le fait que Jésus a donné assez de preuves que Dieu et Lui sont un, en accomplissant des miracles qui auraient été impossibles sans la puissance de Dieu. Philippe voulait que Jésus lui montre le Père. Jésus lui a dit de croire à Ses enseignements avec pour preuve les miracles eux-mêmes.

Dieu est venu dans le monde en chair de manière à se montrer Lui-même et Il a fait écrire la Bible car il est normalement impossible à quiconque de le voir avec des yeux humains.

Vous pouvez donc avoir les bénédictions et les réponses aux promesses de Dieu dans la Bible, lorsque vous avez une précieuse relation avec le Dieu vivant au travers de Sa parole, la Bible, que vous connaissez Sa volonté et Sa providence, et que vous observez Sa Parole.

## Chaque parole de la Bible est vraie

Les données historiques vous permettent d'avoir une connaissance des gens et des incidents à un moment spécifique dans le passé. L'histoire est une addition des changements des temps et cela vous fait connaître en détail, les évènements spécifiques, les gens ou les conditions de vie de ces temps là.

L'histoire de l'humanité a prouvé que la Bible est vraie. Vous commencez à vous rendre compte que la Bible est historique et réaliste. Surtout, si vous faites plus particulièrement attention aux incidents, gens, places ou coutumes relatées dans la Bible.

Depuis l'Ancien Testament, on a en effet traité de faits objectifs aussi importants que des preuves informatives de choses qui se sont déroulées dans la vie, d'individus, de peuples ou de groupes de personnes. Depuis le temps d'Adam et Eve, Israël a considéré l'Ancien Testament comme le document sacré et historique de leur nation et leur héritage jusqu'à ce jour. Même de nombreux historiens considèrent la Bible comme une source sûre d'information.

## L'histoire prouve la réalité de la Bible

Tout d'abord, en me basant sur la Bible, je voudrais partager l'histoire d'Israël avec vous et vous prouver que la Parole de Dieu, la Bible est vraie.

Adam, l'ancêtre des êtres humains a péché contre Dieu, c'est pourquoi, sa descendance, tous les êtres humains après lui, ont suivi le chemin du péché et ont vécu sans connaître Dieu, leur Créateur. A ce moment là, Dieu choisit une nation et a essayé de révéler Sa volonté et Sa providence au travers d'elle.

Tout d'abord, Dieu a appelé Abraham, qui avait la meilleure «disposition de cœur», l'a raffiné, et l'a établi en tant que père de la foi. Abraham était le père d'Isaac, Isaac le père de Jacob, et Dieu appela Jacob «Israël» et fit douze tribus au départ de ses douze fils.

Quand Jacob était vivant, Dieu l'a fit émigrer en Egypte et lui permet de devenir une nation en multipliant ses descendants et finalement Il les a conduit au pays de Canaan.

Dieu donna la loi à Moïse pendant son séjour dans le désert, a entraîné les israélites à vivre selon Sa parole, et les conduisit uniquement par cette Parole.

Après qu'ils furent conduits au pays de Canaan, ils prospérèrent uniquement lorsqu'ils obéirent à la loi. Quand Israël servait des idoles, et commettait le mal, sa puissance nationale diminuait et il souffrait des invasions étrangères. Les israélites étaient prisonniers ou réduits en esclavage. Quand ils se repentaient, leur nation était restaurée. Ce cycle s'est répété à maintes reprises.

Donc, Dieu a prouvé à tous les êtres humains au départ de l'histoire d'Israël, qu'Il est vivant et qu'Il gouverne toutes choses par Sa Parole. Vous pouvez également constater que les prophéties de la Bible ont été accomplies ou sont dans le processus de leur accomplissement. Par exemple dans Luc 19 :43-44, Jésus en se référant à la chute de Jérusalem dit :

*Il viendra des jours où tes ennemis t'environneront de tranchées, t'enfermeront, et te serreront de toutes parts, ils te détruiront, toi et tes enfants au milieu de toi, ils ne laisseront pas en toi pierre sur pierre, parce que tu n'as pas connu le temps où tu as été visitée.*

Dans ces versets, Jésus parlait de la manière dont Jérusalem serait détruite à cause de leur méchanceté croissante. Cette prophétie s'est accomplie en l'an 70 de notre ère, lorsque le général de l'Empire Romain Titus ordonna à ses hommes de construire une rampe contre la ville, de l'encercler et de nombreuses personnes furent massacrées à l'intérieur des murs. Cet événement s'est produit juste 40 ans après la prophétie de Jésus.

Comme Matthieu 24 :32 qui nous dit *«instruisez-vous par une comparaison tirée du figuier. Dès que ses branches deviennent tendres, et que les feuilles poussent, vous connaissez que l'été est proche».* Le figuier représente ici la nation d'Israël, et cette parabole nous apprend qu'Israël sera un jour indépendant lorsque le retour de Jésus sera proche. Et l'histoire nous témoigne que cette parole de Dieu s'est révélée véritable lorsque Israël, qui est tombé en 70 après Jésus-Christ fut miraculeusement restauré le 14 mai 1948, 1900 ans après sa destruction.

## La prophétie de l'Ancien Testament et son accomplissement dans le Nouveau Testament

Je certifie que la Parole de Dieu dans la Bible est vraie en étudiant comment les prophéties de l'Ancien Testament se sont accomplies dans les temps du Nouveau Testament.

La Loi de l'Ancien Testament n'était pas le moyen parfait pour «obtenir des véritable enfants de Dieu». Ce n'était que l'ombre de l'accomplissement de Dieu. C'est pourquoi Dieu a promis la venue du Messie tout au long de l'Ancien Testament. Et lorsque le temps fut venu, Il a envoyé Jésus-Christ dans ce monde afin de tenir Sa promesse.

Il est évident que Jésus vint sur la terre il y a à peu près 2.000 ans. L'histoire de l'Occident est largement divisée en deux groupes selon la naissance de Jésus. AJ représente avant Jésus, ce qui signifie l'histoire avant le temps de Jésus, tandis que AD signifie «anno Domini», ce qui signifie «dans l'année du Seigneur». L'histoire elle même atteste de la naissance de Jésus.

Regardons Genèse 3 :15 :

*Je mettrai l'inimitié entre toi et la femme, entre ta postérité et sa postérité : celle ci t'écrasera la tête et tu lui mordras le talon.*

Ce verset prophétise que notre Sauveur, en tant que postérité d'une femme viendrait et détruirait l'autorité de la mort. Femme dans ce passage représente Israël. En fait, Jésus est venu dans ce monde en tant que fils de Joseph qui appartenait à la tribu de Judas d'Israël (Luc 1 :26-32)

Esaïe 7 :14 dit *«c'est pourquoi le Seigneur lui-même vous donnera un signe ; voilà, la vierge deviendra enceinte et elle enfantera un fils. Et elle lui donnera le nom d'Emmanuel».*

Cela implique que le Fils de Dieu sera envoyé pour couvrir tous les péchés de la race humaine, en étant conçu par le Saint-Esprit. En effet, Jésus est né de la vierge Marie par le Saint-Esprit (Matthieu 1 :18-25).

On a prophétisé que Jésus devait naître dans les environs de Bethléem, comme Michée 5 :1 nous le dit :

*Et toi, Bethléhem Éphrata, Petite entre les milliers de Juda, De toi sortira pour moi Celui qui dominera sur Israël, Et dont l'origine remonte aux temps anciens, Aux jours de l'éternité.*

Cette parole fut accomplie, Jésus est né à Bethléem en Juda, sous le règne du Roi Hérode. Même l'histoire nous le confirme.

Le martyre de nombreux innocents enfants par le Roi Hérode au temps de la naissance de Jésus (Jérémie 31 :15 ; Matthieu 2 :16), l'entrée de Jésus à Jérusalem (Zacharie 9 :9 ; Matthieu 21 :1-11) et Jésus montant dans les cieux (Psaume 16

:10 ; Actes 1 :9) furent prophétisés et parfaitement accomplis.
De plus, la trahison de Judas l'Iscariote, qui avait suivi Jésus
pendant trois ans (Psaume 41 :9), et le prix de cette trahison de
Jésus pour trente pièces d'argent (Zacharie 11 :12), furent tous
deux prophétisés et accomplis.

## Les prophéties de la Bible qui attendent leur accomplissement

Dieu a fait de Jésus notre Sauveur, en accomplissant toutes les
prophéties de l'Ancien Testament pendant la période du
Nouveau Testament. Chaque partie de prophétie sur Jésus, le
cours de l'histoire pour Israël, et l'histoire de l'humanité furent
accomplis sans une seule erreur. En scrutant l'histoire mondiale
nous sommes conduit à constater que toutes les paroles
prophétiques de la Bible ont été accomplies ou le seront.

Les prophètes, tant dans l'Ancien que dans le Nouveau
Testament ont prophétisé la naissance et la chute d'une puissance
mondiale, la destruction et la reconstruction de Jérusalem, et les
affaires futures de personnes importantes. Beaucoup de
prophéties de la Bible ont été accomplies ou sont dans le cycle de
leur accomplissement, et les gens doivent encore voir le Second
Retour de Jésus, l'enlèvement, le Règne de mille ans et le
Jugement du Grand Trône Blanc. Le Seigneur est maintenant en
train de préparer votre place comme il l'a promis (Jean 14 :2), et
Il vous amènera bientôt vers un lieu éternel.

Notre monde est en train de souffrir de famines, de
tremblements de terre, de circonstances atmosphériques

anormales, et de spectaculaires accidents. Vous ne devriez pas considérer cela comme une coïncidence, mais au lieu de cela vous devriez réaliser que le Retour de Jésus se rapproche (Matthieu 24 :3-14). Vous devriez atteindre un salut complet en demeurant éveillés et en vous comportant comme une épouse de Christ.

**Chapitre 2**

# DIEU CRÉE ET CULTIVE L'HOMME

- Dieu crée les êtres humains
- Pourquoi Dieu cultive-t-Il les êtres
  humains?
- Dieu sépare le blé de la paille

*Dieu créa l'homme à Son image, Il le créa à l'image de Dieu, il créa l'homme et la femme. Dieu les bénit, et Dieu leur dit : soyez féconds, multipliez, remplissez la terre ; et dominez sur les poissons de la mer et sur les oiseaux du ciel et sur tout animal qui se meut sur la terre.*

Genèse 1:27-28

Au moins une fois dans votre vie vous pouvez poser des questions fondamentales telles que l'origine, la destination, le but ou la raison d'être de la vie. Alors vous essayez d'obtenir des réponses. Beaucoup de gens essaient différentes méthodes pour résoudre ces problèmes, mais ils ne peuvent trouver les réponses originelles.

Des sages reconnus par le monde, tels que Confucius, Bouddha ou Socrate se sont battus pour trouver ces réponses fondamentales. Confucius s'est concentré sur la morale, en insistant sur le fait que la vertu parfaite est regardée comme un idéal d'éthique ce qui lui suscita de nombreux disciples. Bouddha s'est infligé pénitence pendant une longue période afin d'être libéré d'une existence mondaine. Socrate a poursuivi la vérité à sa manière et a recherché la véritable connaissance.

Cependant, aucun d'entre eux n'a pu trouver une solution fondamentale et permanente, atteindre la vérité pure ou obtenir une vie éternelle. Cela est du au fait que la vérité cachée avant la fondation du monde est quelque chose de spirituel qui est invisible et intangible. Vous ne pouvez trouver des réponses claires concernant la vie tant que vous ne comprenez pas la providence de Dieu le Créateur pour le genre humain.

# Dieu crée les êtres humains

Le mystérieux amalgame d'organes, de cellules et de tissus qui constituent l'être humain est incalculable. Dieu qui a créé l'homme de cette manière veut obtenir de vrais enfants avec lesquels il peut partager Son amour à jamais. Dans ce but, Dieu a créé l'homme à Son image et Sa ressemblance, l'a fait évoluer et lui a préparé le ciel.

Alors, comment Dieu a-t-Il créé toutes choses dans l'univers et formé l'homme?

## Les six jours de la création de Dieu

Genèse 1 nous décrit le processus pendant lequel Dieu a créé les cieux et la terre en six jours. Dieu a dit «que la lumière soit» et la lumière fut, «que les eaux en dessous des cieux se rassemblent et que le sol sec apparaisse» et nous savons que c'était ainsi. Ainsi de suite.

Comme il le dit dans Hébreux 11 :3 *«c'est par la foi que nous reconnaissons que le monde a été formé par la parole de Dieu, en sorte que ce qu'on voit n'a pas été fait de choses visibles»*. Dieu a créé l'univers entier par Sa parole.

Dieu a créé la lumière le premier jour, créé l'étendue du ciel le second jour, et le troisième jour, il permit aux eaux qui sont en dessous des cieux de se rassembler en un endroit et il appela le sol sec «terre» et les eaux rassemblées «mers». Il permit à la terre de produire de la végétation ; des plantes qui produisent des semences, et des arbres qui portent du fruit contenant de la semence. Le quatrième jour, Il créa le soleil, la lune et les étoiles dans l'étendue du ciel, et il laissa le soleil régir le jour et la lune la nuit. Le cinquième jour, il créa les créatures de la mer, et toutes les choses vivantes qui se meuvent dans les eaux, chacune selon son espèce, et tout oiseau ailé, selon son espèce. Le sixième jour, il créa le bétail, les créatures qui se meuvent sur la terre, et les animaux sauvages, chacun selon son espèce.

## L'homme créé à l'image de Dieu

Dieu le Créateur avait préparé pendant six jours un environnement dans lequel l'homme pouvait vivre, et puis, il créa l'homme à Son image. Il bénit l'homme en tant que Seigneur de toutes les créatures et lui dit de les soumettre et de régner sur elles.

*«Dieu créa l'homme à Son image. Il le créa à l'image de Dieu, il créa l'homme et la femme. Dieu les bénit, et Dieu leur dit «soyez féconds, multipliez et remplissez la terre, et l'assujettissez ; et dominez sur les poissons de la mer, sur les oiseaux du ciel et sur tout animal qui se meut sur la terre.» (Genèse 1 :27-28).*

Alors, comment Dieu a-t-Il formé l'homme? *«Le Seigneur a formé l'homme de la poussière de la terre et il souffla dans ses narines le souffle de vie, et l'homme devint une âme vivante»* (Genèse 2 :7).

Dans ce verset, la poussière fait référence à l'argile. Un potier habile, utilisant de l'argile de bonne qualité, fabrique de la porcelaine fine, ou de la porcelaine blanche de grande valeur. Au contraire, certains autres potiers fabriquent des poteries brutes, des tuiles ou des briques.

La valeur d'une pièce de poterie dépend principalement de celui qui l'a produite, de son habilité, du type d'argile utilisé et du style de poterie. Comme c'est le Dieu Créateur Tout Puissant qui a créé l'homme, combien merveilleuse sera son œuvre ?

Après avoir façonné l'homme dans la poussière de la terre à Son image, Dieu souffla dans ses narines le souffle de vie qui est l'énergie vivante. Alors, l'homme est devenu une âme vivante. Le souffle de vie est force, puissance, énergie et l'esprit de Dieu.

## Dieu souffle le souffle de vie dans l'homme

Lorsque vous pensez au procédé de la lampe à incandescence qui brille, vous pouvez comprendre plus aisément le processus suivant lequel l'homme a été créé comme une âme vivante. Si vous voulez faire briller une lampe à incandescence, vous devez tout d'abord en fabriquer une qui est conforme, et puis la brancher. Cependant, elle ne pourra briller que lorsque vous branchez le courant électrique.

Le poste de télévision dans votre maison fonctionne de la même manière. Vous ne pouvez rien voir sur l'écran, tant que vous ne l'avez pas allumé, mais une fois qu'il est allumé, vous pouvez voir différentes images et entendre différents sons. Vous pouvez visualiser des images sur l'écran uniquement en allumant le poste. Cependant, à l'arrière du poste de télévision, il y a un ensemble de composants électroniques délicats et sophistiqués, assemblés de manière complexe.

De la même manière, Dieu a non seulement formé le corps de l'homme, mais aussi les organes internes, et les os au départ de la poussière de la terre. Il a fait des veines au travers desquelles le sang circule et le système nerveux qui pouvait parfaitement remplir sa fonction.

La puissance de Dieu peut changer la poussière en peau très douce quand Il le veut. Tout comme pour permettre le flux électrique, Il a soufflé le souffle de vie en l'homme. Alors le sang a commencé à circuler immédiatement, et il pouvait respirer et se mouvoir.

De plus, parce que Dieu a fabriqué des unités de mémoire dans les cellules du cerveau de l'homme, il y stocke et mémorise ce qu'il entend et ressent. Ce qui est enregistré et mémorisé devient de la connaissance, et la connaissance est reproduite sous la forme de pensées. Lorsque vous utilisez la connaissance enregistrée, on appelle cela de la sagesse.

Les êtres humains, bien qu'étant de simples créatures, ont augmenté leur sagesse et leurs connaissances et ont développé une civilisation scientifique élaborée. Maintenant, ils explorent l'univers, conçoivent des ordinateurs et y stockent un nombre incalculable d'informations, les reproduisent et peuvent ainsi bénéficier de cette technologie informatique, tout comme Dieu a créé des unités dans le cerveau humain. Ils en sont arrivés à concevoir des ordinateurs A.I. qui peuvent reconnaître des lettres et la voix humaine et peuvent communiquer avec d'autres. Ils deviendront avec le temps de plus en plus sophistiqués.

Combien plus facile a du être pour le Dieu Tout Puissant, le Créateur, de former l'homme au départ de la poussière de la terre et de souffler en lui le souffle de vie afin de faire de lui une âme vivante! C'est tellement facile pour Dieu qui peut créer quelque chose au départ de rien, mais c'est si merveilleux et inimaginable pour l'homme (Psaume 139 :13-14).

## Pourquoi Dieu cultive-t-Il les êtres humains?

Jésus nous a enseigné la providence divine au travers de nombreuses paraboles. Parce que la dimension spirituelle ne peut pas être comprise par la connaissance humaine, Il a utilisé des objets humains dans Ses paraboles afin de nous permettre de comprendre.

Beaucoup de celles-ci traitent d'agriculture. Par exemple, il y a la parabole du semeur (Matthieu 13 :3-23 ; Marc 4 :3-20 ; Luc 8 :4-15) ; la parabole du grain de sénevé (Matthieu 13 :31-32 ; Marc 4 :30-32 ; Luc 13 :18-19), la parabole de l'ivraie dans le champs (Matthieu 13 :24-30 ; 36-43), la parabole du vignoble (Matthieu 20 :1-16), et la parabole des vignerons (Matthieu 22 :33-41 ; Marc 12 :1-9 ; Luc 20 :9-16).

Ces paraboles nous montrent que tout comme les fermiers nettoient la terre, sèment des semences, les cultivent et moissonnent les produits, Dieu forme et cultive l'homme sur la terre et il séparera le blé de la paille.

## Dieu veut partager l'amour véritable avec Ses enfants

Dieu ne possède pas uniquement la divinité, mais aussi l'humanité. La divinité est la puissance du Dieu tout puissant, le Créateur lui-même, et l'humanité est l'intelligence de l'homme. Donc Dieu a créé et règne sur tout l'univers, l'histoire humaine et la vie. Il ressent aussi de la joie, de la colère, du regret et du plaisir, et Il veut partager l'amour avec Ses enfants.

La Bible nous montre à de multiples reprises que Dieu a une personnalité comme les êtres humains ; Dieu se réjouit et il bénit les hommes créés à Son image quand ils font ce qui est bien, mais il se lamente et entre en colère, quand ils commettent des péchés. Le désir de Dieu de communiquer avec ses enfants et de leur donner de bonnes choses est souvent exprimé dans la Parole de Dieu.

Si Dieu possédait uniquement les caractéristiques divines, Il n'aurait pas eu à se reposer après les six jours de la création de l'univers, et Il n'aurait pas non plus eu le désir d'avoir une communion avec nous, en disant «priez sans cesse» (1 Thessaloniciens 5 :17), «invoquez-Moi, et je vous répondrai, Je vous annoncerai de grandes choses, des choses cachées» (Jérémie 33 :3).

Parfois vous voulez être seul, mais parfois vous êtes plus heureux d'être avec un ami avec lequel vous pouvez partager votre amour. De la même manière, Dieu créa l'homme à Son image parce qu'Il désirait partager Son amour avec quelqu'un. Il cultive l'esprit humain sur cette terre, parce qu'Il veut de véritables enfants qui peuvent comprendre Son cœur et qui l'aiment de tout leur cœur.

## Dieu veut des enfants qui Lui obéissent de leur propre volonté

Certains peuvent se poser la question pourquoi Dieu a créé l'être humain et l'a fait croître, malgré qu'il y a tant d'anges obéissants et toute l'armée céleste dans les cieux. Cependant, ils n'ont pas les caractéristiques humaines qui sont si importantes pour pouvoir partager l'amour. En fait, ils n'ont pas une volonté propre pour choisir par eux même. Ils obéissent aux ordres comme des robots mais ne peuvent ressentir ni la joie, ni la colère, ni le regret ou le plaisir autant que les êtres humains. A cause de cela, ils ne peuvent pas partager l'amour avec Dieu du plus profond de leur cœur.

Par exemple, supposons que vous ayez deux enfants. L'un des deux se contente d'obéir à vos ordres sans exprimer aucune émotion, opinion, ou amour, semblable à un robot bien programmé. L'autre heurte parfois vos sentiments, mais bien vite, il regrette ses actes, revient doucement vers vous, et vous exprime son cœur de tant de manières. Alors, lequel aimerez-vous le plus ? Bien sûr c'est le dernier.

Supposons que vous ayez un robot qui cuisine, nettoie la maison et vous sert. Malgré cela, vous n'aimerez pas ce robot plus que vos enfants. Peu importe le zèle que met le robot dans son travail, et la manière dont il vous aide, il ne peut remplacer vos enfants.

De la même manière, Dieu préfère les êtres humains qui Lui obéissent avec joie, de leur plein gré avec leur raison et leurs émotions, plutôt que les anges et les armées célestes qui agissent comme des robots obéissants et bien programmés. Il a donné à l'être humain, un libre arbitre et Sa parole. Puis, Il leur enseigne ce qui est bien et ce qui est mal et quel est le chemin du salut et celui de la mort. Puis, Il attend patiemment qu'ils deviennent de vrais enfants.

## La culture humaine de Dieu avec l'affection parentale.

Il est écrit dans Genèse 6 :5-6 que *«L'Éternel vit que la méchanceté des hommes était grande sur la terre, et que toutes les pensées de leur coeur se portaient chaque jour uniquement vers le mal. L'Éternel se repentit d'avoir fait l'homme sur la terre, et il fut affligé en son coeur.»* Cela veut-il dire que Dieu ne connaissait pas ce fait quand Il façonna l'homme? Il le connaissait assurément. Dieu est omniscient et omnipotent, donc Il connaissait toutes choses avant le commencement des temps. Malgré cela, Il a créé l'homme et l'a cultivé.

Si vous êtes parents, vous comprendrez probablement plus facilement ceci. Combien il est difficile de donner naissance aux enfants et les faire grandir! Pendant qu'une femme est enceinte, elle doit subir toutes sortes de douleurs, telles que les nausées et cela pendant neuf mois. Au moment de la délivrance, de grandes douleurs accompagnent la mère. Les parents font ensuite de grands efforts pour nourrir, habiller et éduquer leurs enfants, et ils travaillent dur jour et nuit. Lorsque les enfants rentrent tard, ils se font du souci. Et lorsqu'ils sont malades, les parents sont plus inquiets qu'eux.

Pourquoi les parents élèvent-ils leurs enfants, malgré la douleur et les efforts? La raison en est que les parents veulent quelqu'un avec qui ils peuvent partager leur amour, quelqu'un qui peut ressentir l'amour des parents et les aimer de tout leur cœur. Pour les parents, les douleurs même apportent le bonheur. De plus, si les enfants ressemblent à leurs parents, ils sont d'autant plus mignons! Bien sûr, tous les enfants ne sont pas reconnaissants à leurs parents. Certains enfants aiment et respectent leurs parents, mais d'autres les blessent.

De la même manière, connaissant toutes les peines accompagnant la croissance des enfants, les parents ne considèrent pas ces choses comme étant des peines. Au contraire, ils font d'immenses efforts en espérant que leurs enfants vont grandir correctement et qu'ils seront une joie pour eux. De la même manière, Dieu savait que l'être humain allait désobéir, se corrompre et lui causer du tort, mais Il savait aussi qu'il y aurait de véritables enfants qui partageraient leur amour avec Lui. C'est pourquoi Dieu a créé les êtres humains et leur a permis de croître volontairement.

## Dieu veut être glorifié au travers de Ses vrais enfants

Dieu élève des esprits humains sur la terre, non seulement pour obtenir de véritables enfants, mais aussi afin qu'Il soit glorifié au travers d'eux. Dieu peut recevoir gloire de la part d'une grande compagnie d'anges et du moins autant de l'armée céleste. Cependant, ce qu'Il veut vraiment, c'est d'être glorifié par Ses véritables enfants, du plus profond de leur cœur.

Dieu dit dans Esaïe 43 :7 que *«Tous ceux qui s'appellent de mon nom, Et que j'ai créés pour ma gloire, Que j'ai formés et que j'ai faits»*, et il vous instruit dans 1 Corinthiens 10 :31 *«soit donc que vous mangiez, soit que vous buviez, soit que vous fassiez quelque autre chose, faites tout pour la gloire de Dieu»*.

Dieu est le Créateur, amour et justice. Il a donné Son Fils unique pour nous sauver, et Il prépara les cieux et la vie éternelle ; il est plus que digne d'être glorifié. De plus, Il veut retourner la gloire à ceux qui Lui rendent gloire.

Pour cela vous devez devenir de véritables enfants de Dieu qui peuvent partager son amour à jamais, tout en comprenant pourquoi Dieu veut être glorifié au travers des enfants spirituels qu'Il a élevés.

## Dieu sépare le blé de la paille

Les agriculteurs cultivent la terre parce qu'ils veulent obtenir une moisson abondante. Dieu aussi cultive l'être humain sur la terre pour obtenir de véritables enfants, qui non seulement l'aiment et Le glorifient de tout leur cœur, mais qui souhaitent partager son amour éternellement avec Lui dans les lieux célestes.

Il y a toujours le blé et la paille au moment de la moisson, c'est pourquoi les agriculteurs séparent le blé de la paille, rassemblent le grain dans leurs greniers, et brûlent la paille dans le feu. De la même manière, Dieu veut séparer le bon grain de la paille à la fin de l'évolution des esprits humains.

*Il a Son van à la main ; il nettoiera Son aire, et Il amassera le blé dans le grenier, mais il brûlera la paille dans un feu qui ne s'éteindra point (Matthieu 3 :12).*

Pour cela, vous devez croire fermement, que Dieu cultive les esprits humains sur la terre, et à Son propre temps, Il rassemblera le blé - ses vrais enfants – dans le ciel pour la vie éternelle, mais il brûlera la paille dans le feu inextinguible de l'enfer.

Maintenant, essayons de pénétrer plus en profondeur dans la vue de Dieu sur qui sont le blé et la paille, et quel genre d'endroit sont le ciel et l'enfer.

## Le blé et la paille

Le blé représente ceux qui acceptent Jésus, marchent dans la vérité, et partagent l'amour de Dieu. Ce sont les enfants de lumière qui ont récupéré l'image de Dieu, et font tout ce que Dieu leur ordonne.

Au contraire, la paille représente ceux qui n'acceptent pas Jésus-Christ, ou bien ceux qui déclarent croire, mais ne vivent pas selon la Parole de Dieu, suivant leurs propres désirs charnels.

1 Timothée 2 :4 décrit notre Seigneur comme étant celui *«qui veut que tous les hommes soient sauvés et parviennent à la connaissance de la vérité».* Cela signifie que le désir de Dieu est que tous les hommes soient du blé et entrent dans le royaume des cieux. Dieu essaie de vous faire comprendre ceci de différentes manières et de vous faire prendre le chemin du salut. Malgré cela, certaines personnes transgressent la volonté de Dieu et sa providence selon leur propre libre arbitre. Ces gens sont comme des animaux aux yeux de Dieu, parce qu'ils ont perdu les valeurs humaines.

Les agriculteurs brûlent la paille dans le feu, ou l'utilisent comme engrais parce que si le blé était stocké dans les greniers avec la paille, il pourrirait. Pour cela, Dieu ne veut pas laisser à la paille l'opportunité d'entrer dans le royaume des cieux où le blé se trouvera. Au contraire des animaux, l'homme possède un esprit éternel parce que Dieu a soufflé en lui le souffle de vie lorsqu'Il l'a créé. C'est pourquoi, Dieu ne peut pas détruire la paille ou la laisser disparaître.

Il est inévitable pour Dieu de rassembler le blé dans le ciel et de lui laisser jouir du bonheur éternel, et de brûler la paille dans l'inextinguible feu de l'enfer à jamais. Donc vous devez considérer ceci, afin de ne pas être jetés dans le feu de l'enfer.

## La beauté du ciel et l'horreur de l'enfer

D'une part le ciel est trop beau pour pouvoir être comparé à n'importe quoi sur la terre. Par exemple, les fleurs finissent par se faner sur la terre, mais dans le ciel, les fleurs ne se fanent et ne tombent jamais, parce que tout dans le ciel est éternel. Les rues sont pavées d'or pur qui est transparent comme du verre. La rivière de vie qui brille comme du cristal circule entre des maisons qui sont faites de toutes sortes de joyaux brillants. Tout y est inexprimable (voir *Le Ciel I et II*)

D'autre part, l'enfer est l'endroit où les vers ne meurent pas et où le feu ne s'éteint jamais. Tous là bas seront salés de feu (Marc 9 :48-49). De plus, il y a en enfer l'étang de souffre brûlant qui est sept fois plus chaud que l'étang de feu (Apocalypse 20 :10, 15). Les personnes qui ne sont pas sauvées devront vivre dans le lac de feu ou dans le lac de souffre brûlant pendant l'éternité. Combien cela doit être horrible et effrayant de devoir vivre là-bas éternellement (voir *L'Enfer*).

Pour cela, Jésus a dit dans Marc 9 :43-44 «*mieux vaut pour toi entrer manchot dans la vie que d'avoir les deux mains et d'entrer dans la géhenne*».

Pourquoi le Dieu d'amour doit-il créer le merveilleux ciel et l'horrible enfer? Si des gens mauvais peuvent entrer dans un endroit où se trouveront ceux qui sont bons et agréables à Dieu, ce sera douloureux pour les bons, et le ciel sera pollué par le mal. En résumé, Dieu a créé l'enfer parce qu'Il aime l'être humain et qu'Il veut donner le meilleur à Ses enfants.

## Le jugement du Grand Trône Blanc

Tout comme les fermiers sèment une semence et moissonnent année après année, Dieu élève l'esprit humain depuis qu'Adam fut chassé du Jardin d'Eden, et il continuera jusqu'à ce que Jésus revienne.

Dieu a montré Sa volonté à nos ancêtres de la Foi, comme Noé, Abraham, Moïse, Jean Baptiste, Pierre et l'apôtre Paul. Aujourd'hui il est toujours en train d'élever des esprits humains, au travers de ses serviteurs et ouvriers. Mais, comme il y a nécessairement une fin après un commencement, la culture d'esprits humains ne durera pas éternellement.

2 Pierre 3 :8 nous incite à ne pas oublier *«que devant le Seigneur un jour est comme mille ans et mille ans sont comme un jour»*. Tout comme Dieu s'est reposé le septième jour après les six jours de création de l'univers, le retour de Jésus, et le Millénium, la période de Sabbat viendra après six mille ans, depuis la désobéissance d'Adam. Après cela, avec le Jugement du Grand Trône Blanc, Dieu permettra au blé d'entrer dans le ciel et précipitera la paille dans le feu de l'enfer.

Par conséquent, je prie au nom de notre Seigneur Jésus-Christ que vous compreniez profondément l'amour et la providence de Dieu dans la culture des êtres humains, que vous meniez une vie bénie et glorifiez Dieu avec un espoir fervent pour le ciel.

Chapitre 3

# L'ARBRE DE LA CONNAISSANCE DU BIEN ET DU MAL

- Adam et Eve dans le jardin d'Eden
- Adam a désobéi de sa propre libre volonté
- Le salaire du péché est la mort
- Pourquoi Dieu a-t-Il placé l'arbre de la connaissance ?

*L'Eternel Dieu prit l'homme et le plaça dans le jardin d'Eden pour le cultiver et le garder. L'Eternel Dieu donna cet ordre à l'homme : tu pourras manger de tous les arbres du jardin, mais tu ne mangeras pas de l'arbre de la connaissance du bien et du mal, car le jour où tu en mangeras, tu mourras certainement.*

Genèse 2 :15-17

Ceux qui ne connaissent pas le grand amour de Dieu le Créateur, ainsi que Sa profonde et divine providence pour élever Ses vrais enfants, pourraient se poser la question «pourquoi Dieu a-t-Il placé l'arbre de la connaissance du bien et du mal au milieu du jardin?» «Pourquoi a-t-Il laissé le premier homme prendre le chemin de la destruction?». Ils s'imaginent que si Dieu n'avait pas planté cet arbre, l'homme ne serait pas mort et qu'il aurait pu jouir à jamais d'une vie parfaitement heureuse dans le jardin d'Eden.

Certains essaient de lire entre les lignes en disant «peut être que Dieu ne savait pas à l'avance qu'Adam mangerait le fruit de l'arbre de la connaissance du bien et du mal», et cela parce qu'ils ne croient pas en l'omniscience et l'omnipotence de Dieu. A-t-Il placé l'arbre dans le jardin d'Eden, par manque de clairvoyance, sans connaître la future désobéissance d'Adam? Ou bien, a-t-Il expressément placé cet arbre dans le jardin, pour conduire l'homme sur le chemin de la mort? Bien sûr que non!

Mais alors, pourquoi Dieu a-t-Il placé l'arbre de la connaissance du bien et du mal au milieu du jardin d'Eden? Et pourquoi Adam a-t-il désobéi à l'ordre de Dieu et est-il tombé sur le chemin de la mort?

# Adam et Eve dans le jardin d'Eden

Dieu a formé l'homme dans la poussière de la terre, et a soufflé dans ses narines, le souffle de vie, et l'homme est devenu une âme vivante (Genèse 2 :7). Une âme vivante est un être spirituel qui n'a aucune espèce de connaissance lorsqu'il est créé. Prenons un exemple. Un bébé nouveau né n'a aucune sagesse ni connaissance. Le bébé a cependant un système de mémoire dans son cerveau, mais il n'a jamais rien entendu ni vu, et on ne lui a rien dit. Le bébé peut donc uniquement agir selon son instinct.

De la même manière, Adam n'avait aucune sagesse ou connaissance spirituelle, lorsqu'il est devenu une âme vivante.

## Adam a appris la sagesse de la vie par Dieu

Dieu a planté un jardin à l'est et y a placé Adam. Dieu donna à Adam la sagesse de la vie et la vérité, face-à-face, en marchant avec lui, de manière à ce qu'Il puisse donner à Adam le contrôle et la direction du jardin d'Eden.

Genèse 2 :19 dit *«l'Eternel Dieu forma de la terre tous les animaux des champs, et tous les oiseaux du ciel, et Il les fit venir vers l'homme pour voir comment il les appellerait, et afin que tout être vivant portât le nom que lui donnerait l'homme».* Adam était équipé d'assez de sagesse de la vie pour diriger toutes choses.

De plus, il ne sembla pas bon à Dieu qu'Adam soit seul. Donc, Dieu le fit tomber dans un profond sommeil afin de lui faire une aide valable. Dieu prit une des côtes de l'homme, et referma l'endroit avec de la chair pendant que l'homme était endormi. Puis, Il créa une femme au départ de la côte qu'Il avait enlevée à l'homme, et la lui amena. Dieu unit l'homme avec sa femme, et ils devinrent une seule chair (Genèse 2 :20-22).

Ce n'est pas parce qu'Adam se sentait seul, mais parce que Dieu lui-même s'est senti seul pendant une longue période, avant le commencement des temps, et il savait ce qu'était la solitude. Le grand amour de Dieu et Sa grâce l'ont amené à façonner l'aide d'Adam, et lui, qui connaissait à l'avance la situation d'Adam, bénit l'homme et sa femme afin qu'ils soient féconds, se multiplient et peuplent la terre.

## La longue vie d'Adam dans le jardin d'Eden

Alors, combien de temps, Adam et Eve ont-ils vécu dans le jardin d'Eden? La Bible ne répond pas dans les détails, mais vous devez savoir qu'ils vécurent là beaucoup plus longtemps que se l'imaginent la plupart des gens.

La Bible nous relate tous ces faits en seulement quelques versets. C'est pourquoi beaucoup de gens croient qu'Adam a mangé le fruit défendu et est entré dans la destruction peu de temps après que Dieu ne l'ait placé dans le jardin d'Eden. Certains d'entre eux demandent «la Bible parle de l'histoire de l'être humain en six mille années, mais comment peut-on expliquer l'existence de fossiles vieux de centaines de milliers d'années?»

L'histoire de l'évolution de l'homme dans la bible couvre une période de six mille années, commençant au moment où Adam et Eve furent chassés du jardin d'Eden. Ceci n'inclut pas la longue période qu'ils ont vécue dans le jardin d'Eden. Comme un temps très long s'est passé, il y a eu de grands changements géologiques et géographiques, des changements tels que la formation de la croûte terrestre et de nombreux cycles de reproduction et d'extinction. Comme nous l'avons cité dans le chapitre 1, de nombreux fossiles attestent ce fait.

Comme Dieu avait béni Adam et Eve dans Genèse 1 :28, le premier homme Adam, avant qu'il ne pèche, avait marché avec Dieu et avait donné naissance, pendant cette longue période, à de nombreux enfants et rempli le jardin d'Eden. En tant que Seigneur de toutes les choses créées, Adam a soumis et régi la terre aussi bien que le jardin d'Eden.

## Adam a désobéi de sa propre libre volonté

Dieu a donné à Adam et à Eve un libre arbitre et leur a permis de jouir de l'abondance et de la joie du jardin d'Eden. Cependant, il y avait une seule chose que Dieu avait interdite. Dieu leur a ordonné de ne pas manger le fruit de l'arbre de la connaissance du bien et du mal.

Si Adam avait compris la profondeur du cœur de Dieu, et s'il l'avait aimé véritablement, il n'aurait pas mangé le fruit défendu parce qu'il connaissait le commandement de Dieu. Cependant, il n'a pas obéi à ce commandement précis parce qu'il n'aimait pas Dieu véritablement.

Dieu a placé l'arbre de la connaissance du bien et du mal dans le jardin d'Eden et a établi une loi stricte entre Dieu et l'homme. Il a permis à l'homme de garder le commandement selon son propre arbitre. Il en est ainsi, parce qu'Il voulait avoir des enfants véritables qui lui obéissent du plus profond de leur cœur.

## Adam a négligé la parole de Dieu

Dans la Bible, Dieu promet souvent des bénédictions à ceux qui obéissent à tous ses commandements et respectent toute Sa parole (Deutéronome 15 :4-6 ; 28 :1-4). Par ailleurs, qui obéit à tous ses commandements ? Même la Bible admet que seul un nombre restreint d'hommes peut le faire.

Dieu a dû penser à propos du premier homme Adam, qu'il jouirait de la vie éternelle et des bénédictions, tant qu'il obéirait à Dieu, mais qu'il obtiendrait la mort éternelle s'il désobéissait à Dieu. Dieu l'a prévenu de ne pas manger du fruit de l'arbre de la connaissance du bien et du mal.

Cependant, Adam et Eve ont désobéi au commandement de Dieu, et ont mangé du fruit défendu. Satan a essayé de perturber le plan de Dieu d'élever de véritables enfants spirituels depuis le commencement. Il a finalement réussi à les séduire en les tentant par le serpent qui était plus rusé que les autres animaux (Genèse 3 :1). Adam et Eve désobéirent au commandement de Dieu. Mais comment Adam a-t-il pu désobéir au commandement de Dieu, alors qu'il était un esprit vivant et qu'il avait reçu toute la vérité de Dieu ?

Dans Genèse 2 :15, nous voyons que Dieu a fait d'Adam le

régisseur et le gardien du jardin d'Eden. Adam a reçu l'autorité et la puissance de Dieu pour gouverner et garder le jardin. Dieu lui fait garder le jardin à moins que le diable ne le brise. Cependant Satan n'a pas échoué dans sa tentative de contrôle du serpent et a tenté Adam et Eve au travers de lui. Comment cela fut-il possible?

En un mot, Satan est un esprit mauvais qui a autorité sur le royaume de l'air. Satan n'a pas de forme. Dans Ephésiens 2 :2, il est présenté comme le *«prince de la puissance de l'air, l'esprit qui agit maintenant dans les fils de la rébellion»*.

Parce que Satan est comme les ondes radio qui flottent dans les airs, il a pu contrôler le serpent dans le jardin d'Eden pour tenter Adam et Eve. Genèse 1 nous présente une phrase qui est répétée à la fin de chaque jour de la création *«et Dieu vit que cela était bon»*. Cette phrase n'a pas été prononcée le second jour quand l'étendue fut créée.

A nouveau, Ephésiens 2 :2 parle d'un temps *«où nous étions de leur nombre, selon le prince de la puissance de l'air qui agit maintenant dans les fils de la rébellion»*. Dieu savait d'avance que des esprits mauvais auraient autorité sur le royaume de l'air.

## Eve tomba sous la tentation du serpent

Le serpent est l'un des animaux des champs. Comment a-t-il réussi à tenter Eve pour qu'elle désobéisse au commandement de Dieu?

Dans le jardin d'Eden, l'homme pouvait communiquer avec

toutes les créatures vivantes, tels que les fleurs, les arbres, les oiseaux, les animaux et ainsi de suite. Eve pouvait donc aussi communiquer avec le serpent. A l'origine, les serpents étaient aimés de l'homme et en bonne relation avec lui à l'opposé d'aujourd'hui. Ils étaient si beaux, propres, longs, ronds et sages pour obtenir la faveur d'Eve. Ils la connaissaient bien et savaient comment lui plaire. C'est la même chose avec les chiens qui ont la faveur de leurs maîtres parce qu'ils sont sages et obéissent plus que tous les autres animaux.

Pourtant, beaucoup de gens disent «les serpents sont terribles, vénéneux et dégoûtants». Ils sont dégoûtés presque instinctivement par les serpents parce que ce sont les serpents qui ont trompé le premier homme Adam et sa femme Eve afin qu'ils désobéissent au commandement, et qui les ont poussé vers le chemin de la mort.

Afin de comprendre la nature du serpent, il faut connaître les caractéristiques de la terre originelle. Chaque sol a des composants différents, et un équilibre différent pour chacun d'eux. Selon les éléments qui sont ajoutés au sol, il peut devenir bon ou mauvais. Lorsque Dieu a créé toutes les espèces d'animaux de la terre et les oiseaux du ciel, Il a sélectionné le sol propice à chaque animal (Genèse 2 :19).

Dieu n'a pas créé le serpent rusé au début, Il l'a fait suffisamment sage pour être aimé de l'homme. Cependant, le serpent est devenu rusé après que la nature mauvaise se soit révélée en lui. Si le serpent n'avait pas reçu la voix de Satan, mais qu'il avait suivi uniquement la volonté de Dieu, il serait devenu un animal sage et bon. Mais parce qu'il a écouté et suivi la voix de Satan, le serpent est devenu un animal rusé qui a trompé Eve et l'a fait tomber dans la mort.

## Parce que Eve a changé la Parole de Dieu

Le serpent savait ce que Dieu avait dit à Adam et à la femme *«... vous ne pouvez pas manger le fruit de l'arbre. Lorsque vous mangerez du fruit de l'arbre de la connaissance du bien et du mal, certainement vous mourrez».* C'est pourquoi le serpent lui demanda avec ruse *«Dieu a-t-Il réellement dit : vous ne pouvez manger le fruit d'aucun arbre du jardin?»*

Comment Eve a-t-elle répondu au serpent :

> *La femme répondit au serpent : nous mangeons des fruits des arbres de ce jardin. Mais quand au fruit de l'arbre qui est au milieu du jardin, Dieu a dit : Vous n'en mangerez point et vous n'y toucherez point, de peur que vous mourriez (Genèse 3 :2-3).*

Dieu avait donné un avertissement clair à Adam et Eve, *«Vous ne mangerez point des fruits de l'arbre de la connaissance du bien et du mal, car le jour où vous en mangerez, vous mourrez certainement»* (Genèse 2 :17). Il a insisté sur le fait qu'ils ne seraient jamais vivants s'ils en mangeaient. Cependant, la réponse d'Eve n'était pas claire. Elle a répondu vaguement «vous mourrez» et elle a oublié le mot «certainement». En d'autres termes, elle a voulu dire «si vous mangez du fruit défendu, vous pouvez mourir ou ne pas mourir».

Elle n'a pas gardé le commandement de Dieu en mémoire et a un peu douté de Sa Parole. Et lorsque le serpent entendit sa réponse vague et pleine de doute, il s'est empressé de la tenter de manière plus précise. Il a même tordu le commandement de Dieu. Le serpent dit à la femme «tu ne mourras pas». Il commença par altérer le commandement de Dieu, et il encouragea la femme *«parce que Dieu sait que le jour où vous en mangerez, vos yeux s'ouvriront et que vous serez comme Dieu, connaissant le bien et le mal»* (Genèse 3 :4-5). Il la tenta à nouveau en stimulant d'avantage sa curiosité.

## Eve désobéit de sa propre volonté

Après que Satan ait suscité le désir de pécher dans le cœur de la femme, en raison de ses pensées fausses, car l'arbre lui semblait différent de ce qu'elle avait connu jusqu'alors. Genèse 3 :6 dit : *«la femme vit que l'arbre était bon à manger et agréable à la vue, et qu'il était précieux pour ouvrir l'intelligence, elle prit de son fruit et en mangea ; elle en donna aussi à son mari qui était auprès d'elle, et il en mangea».*

Elle aurait du repousser la tentation du serpent, carrément et complètement. Les racines de l'homme pécheur, la convoitise de ses yeux et l'orgueil de la vie l'ont submergée et l'ont conduite vers le péché et la désobéissance.

Certains disent «Adam et Eve n'ont-ils pas mangé du fruit de l'arbre de la connaissance du bien et du mal parce qu'ils avaient une nature pécheresse en eux?» Ils n'avaient aucune nature pécheresse, mais uniquement la bonté avant leur désobéissance. Ils n'avaient que leur libre arbitre par lequel ils pouvaient manger ou ne pas manger le fruit défendu par le commandement de Dieu.

Comme le temps passait, ils ont négligé le commandement de Dieu. Puis Satan les a tenté au travers du serpent et ils ont succombé à la tentation. De cette manière, le péché est venu au travers d'eux et ils ont violé l'ordre établi par Dieu.

C'est la même chose avec des enfants qui grandissent mal. Même un enfant qui est méchant dans ses paroles et dans ses œuvres, n'est pas toujours méchant depuis sa naissance. D'abord, il imite les paroles mauvaises et les malédictions d'autres enfants, sans connaître leur portée. Ou bien, il peut suivre un enfant qui frappe les autres et il commence à aimer frapper les autres enfants et les voir éclater en sanglots. Ainsi il frappe de plus en plus les autres et le mal est conçu et grandit en lui.

De la même manière, Adam n'avait pas une nature pécheresse dès le commencement. Lorsqu'il a désobéi au commandement de Dieu et a mangé du fruit défendu de sa propre volonté, le péché fut conçu et le mal établi en lui.

## Le salaire du péché est la mort

Tout comme Dieu a dit à Adam et Eve «vous ne devez pas manger du fruit de l'arbre de la connaissance du bien et du mal, lorsque vous en mangerez, vous mourrez certainement», ils moururent sûrement après avoir mangé du fruit de l'arbre. Il est écrit dans Jacques 1 :15 : *«puis la convoitise, lorsqu'elle a conçu, enfante le péché ; et le péché étant consommé, produit la mort».* Romains 6 :23 nous apprend la loi du monde spirituel concernant le résultat du péché *«le salaire du péché, c'est la mort».* Voyons comment la mort est venue pour Adam et Eve, à cause de leur désobéissance.

## Mort de leur esprit

Dieu a dit clairement à Adam et Eve «vous mourrez certainement si vous mangez du fruit de l'arbre de la connaissance du bien et du mal». Bien sûr, ils ne sont pas morts instantanément après leur désobéissance au commandement de Dieu. Ils vécurent longtemps et donnèrent naissance à de nombreux autres enfants. Alors vint la «mort» pour laquelle Dieu les avait prévenu.

Il ne parlait pas de la mort de leurs corps, mais de la mort de leur esprit. L'homme est créé avec un esprit, qui peut communiquer avec Dieu, une âme qui est la servante de l'esprit et un corps dans lequel se trouvent l'âme et l'esprit. 1 Thessaloniciens 5 :23 dit que *«l'homme est composé d'un esprit, d'une âme et d'un corps».* Lorsqu'Adam et Eve ont désobéi au commandement de Dieu, leurs esprits, maîtres de l'homme sont morts.

Dieu est sans tâche ni blâme et Il est le Saint des Saints qui vit dans une lumière indescriptible, et les pécheurs ne peuvent s'approcher de Lui. Adam pouvait communiquer avec Dieu tant qu'il était un esprit vivant, mais il ne pouvait plus communiquer avec Dieu après que son esprit soit mort à cause du péché.

## Le commencement d'une vie pénible

Le jardin d'Eden était un endroit beau et abondant où il n'y avait ni souci, ni anxiété, et Adam et Eve pouvaient y vivre éternellement, mangeant le fruit de l'arbre de vie. Mais ils furent chassés du jardin d'Eden après leur péché. A partir de cet instant, leurs problèmes et leurs combats ont commencé.

La femme a commencé à endurer plus de douleurs lors de ses grossesses. Ses désirs la portaient vers son mari et son mari la dominait. Uniquement après avoir labouré le sol maudit à la sueur de son front et avec douleur, l'homme pouvait manger chaque jour de sa vie. (Genèse 3 :16-17).

Dieu dit à Adam dans Genèse 3 :18-19 : *«il te produira des épines et des ronces, et tu mangeras de l'herbe des champs. C'est à la sueur de ton visage que tu mangeras du pain, jusqu'à ce que tu retournes dans la terre d'où tu as été pris ; car tu es poussière et tu retourneras dans la poussière».* Au travers de ces versets, Dieu montre que l'homme retournera à un tas de poussière.

Parce qu'Adam, l'ancêtre de toute l'humanité, a commis le péché de désobéissance, et que son esprit est mort, tous ses descendants sont nés pécheurs et vont sur le chemin de la mort.

Romains 5 :12 raconte l'héritage de souffrance d'Adam «*c'est pourquoi, comme par un seul homme, le péché est entré dans le monde, et par le péché la mort, et qu'ainsi la mort s'est étendue sur tous les hommes, parce que tous ont péché*».

## Tous les Hommes sont nés avec le péché originel

Dieu permet aux gens d'être fructueux et d'augmenter en nombre au travers de semences de la vie qu'il leur donne quand il les crée.Les hommes sont conçus par la combinaison d'un sperme ou l'œuf que Dieu donne à chaque homme et femme comme semences de vie.Puisque le sperme ou l'œuf a les caractéristiques de chaque parent,le bébé conçu par la combinaison du sperme et de l'œuf ressemble aux apparences de ses parents,les caractères,les goûts,les habitudes,les favoris et ainsi de suite.

De cette façon,la nature pécheresse d'Adam a été transmise à tous ses descendants après qu'Adam l'ancêtre des hommes ait péché.Ca s'appelle le péché originel.Les descendants d'Adam sont nés avec le péché originel.Ainsi tous les hommes sont inévitablement des pécheurs.

Quelques non-croyants se plaignent : « Pourquoi ou comment sur terre je suis un pécheur?je n'ai commis aucun péché.Ou d'autres demandent,comment le péché d'Adam peut-il être transmis à moi?

Prenons l'exemple d'un enfant .Une mère qui allaite un autre enfant devant son propre enfant.Il est très problable que le bébé devienne bouleversé et essaie de pousser l'autre bébé.Si la mère n'arrête pas de nourrir l'autre bébé ou le bébé ne cesse de succer son sein ,son bébé peut pousser ou frapper la mère ou l'autre bébé.Si la mère continue à donner l'autre bébé le lait, son propre bébé peut commencer à pleurer.

Quoique personne n'ait enseigné au petit bébé l'envie,la jalousie ,la haine,l'avidité ou comment frapper les autres,le bébé a eu ces mauvaises choses dans son esprit depuis qu'il est né.Ce fait explique que les hommes sont nés avec le péché originel qui est hérité de leurs parents.

Combien plus chaque personne pèche durant toute sa vie?

Vous devez comprendre que pas seulement les actions pécheresses mais également toute forme de mal dans l'esprit de tout un chacun est un péché devant Dieu qui est lumière lui-même.Dieu perçoit et observe le mal dans la pensée tel que la haine,l'avidité,la condamnation et beaucoup d'autres.

Par conséquent,la bible nous dit que personne ne sera declarée «juste» devant la face de Dieu en observant la loi et tous les hommes sont privés de la gloire puisqu'ils ont péché(Romains 3 :20 ,23).

## Non seulement l'homme, mais toutes choses sont maudites

Lorsqu'Adam, qui était le Seigneur de toutes choses a péché, et a été maudit, le pays et toutes les choses vivantes, tous les animaux des champs et les oiseaux du ciel furent maudits avec lui. Depuis ce temps, des insectes nuisibles et vénéneux tels que les mouches et les moustiques, qui transportent toutes sortes de maladies, ont vu le jour.

Le pays commença à produire des épines et des ronces, et l'homme ne put cultiver la terre qu'avec peine et à la sueur de son front. L'homme fut forcé de faire face aux larmes, aux regrets, à la douleur, aux maladies, à la mort et à d'autres choses similaires, parce qu'il était maudit sur cette terre.

Pour cela, Romains 8 :22 dit *«or nous savons que jusqu'à ce jour, la création toute entière soupire et souffre les douleurs de l'enfantement».*

Mais alors, comment le serpent fut-il maudit?

Dans Genèse 3 :14, Dieu dit *«puisque tu as fait cela, tu seras maudit entre tout le bétail et entre tous les animaux des champs, tu marcheras sur ton ventre et tu mangeras de la poussière tous les jours de ta vie».* Les serpents cependant, ne mangent pas la poussière, mais des animaux vivants tels que les oiseaux, les grenouilles, les souris, ou les insectes. Dieu a dit «tu mangeras la poussière tous les jours de ta vie». Alors, comment interpréter ce verset?

La poussière représente les *«hommes qui sont formés de la poussière de la terre»* (Genèse 2 :7), et le serpent représente votre ennemi Satan et le diable (Apocalypse 20 :2). «Le serpent mangera de la poussière tous les jours de sa vie» signifie que Satan et le diable dévorent les gens qui ne vivent pas selon la parole de Dieu, mais qui préfèrent vivre dans les ténèbres.

Même les enfants de Dieu font face à des tempêtes et des problèmes, que Satan et le diable apportent lorsqu'ils font le mal et pèchent contre la volonté de Dieu. Aujourd'hui, Satan et le diable rôdent comme un lion rugissant cherchant qui dévorer (1

Pierre 5 :8). S'ils en trouvent un, ils l'enferment dans la malédiction du péché, et le conduisent vers le chemin de la destruction. S'il est possible, ils essaient même de séduire les enfants de Dieu.

Satan et le diable tentent ceux qui disent «je crois en Dieu», mais ne sont pas certains de la Parole de Dieu, et les mènent sur le chemin de la mort. Généralement, Satan et le diable essaient de vous tenter au travers de ceux qui vous sont proches, tels que votre épouse, amis ou connaissances, de la même manière qu'ils ont tenté Eve au travers du serpent, un de ses animaux préférés.

Par exemple, votre épouse ou votre ami pourrait vous demander «n'est-ce pas suffisant que tu assistes au culte du dimanche matin? Dois-tu vraiment aussi assister au culte du dimanche soir? Ou essayez-vous vraiment de vous réunir chaque jour?». Dieu perçoit et connaît même les désirs les plus secrets de votre cœur, parce qu'Il est omniscient et omnipotent. Est-il vraiment important de proclamer les prières si fort?

Dieu vous a ordonné de vous souvenir du jour du Sabbat et de la garder saint (Exode 20 :8), essayez de vous réunir au nom du Seigneur (Hébreux 10 :25) et priez à haute voix (Jérémie 33 :3). Satan ne parviendra pas à tenter ou faire pécher ceux qui sont totalement immergés dans la Parole de Dieu (Matthieu 7 :24-25).

Tel qu'il est dit dans Ephésiens 6 :11, *«revêtez vous de toutes les armes de Dieu, afin de tenir ferme devant les ruses du diable»,* vous devez vous équiper de la parole de vérité de Dieu, et chasser avec courage votre ennemi Satan et le diable par la foi.

# Pourquoi Dieu a-t-Il placé l'arbre de la connaissance?

Dieu a placé l'arbre de la connaissance du bien et du mal dans le jardin d'Eden, non pas pour conduire l'homme sur le chemin de la destruction, mais pour lui apporter le véritable bonheur. Parce qu'ils ne comprennent pas Son plan profond, beaucoup de gens se méprennent sur la justice et l'amour de Dieu, et ne croient même pas en Dieu. Ils vivent une vie morne ou vide sans trouver de véritable but à leur existence.

Pourquoi alors, Dieu a-t-Il placé l'arbre de la connaissance du bien et du mal dans le jardin d'Eden, et pourquoi cela vous apporte-t-il de grandes bénédictions?

## Adam et Eve n'ont pas connu le véritable bonheur

Le jardin d'Eden était merveilleux et abondant, au-delà de votre imagination. Dieu a fait pousser du sol toutes sortes d'arbres. Ils étaient agréables à regarder et bon à manger. Au milieu du jardin se trouvaient l'arbre de vie et l'arbre de la connaissance du bien et du mal (Genèse 2 :9).

Quand donc, Dieu a-t-Il placé l'arbre de la connaissance du bien et du mal au milieu du jardin, à côté de l'arbre de vie, de manière à ce qu'on puisse bien le voir? Dieu n'a jamais voulu les conduire sur le chemin de la destruction en les tentant afin qu'ils mangent de l'arbre. Il y avait une providence de Dieu pour nous faire comprendre la relativité au travers de l'arbre de la connaissance du bien et du mal, et de faire de nous Ses véritables enfants spirituels, qui savent sentir Son cœur.

Tandis que les gens expérimentent les larmes, les regrets, la pauvreté ou les maladies, ils croient qu'Adam et Eve ont dû être très heureux dans le jardin d'Eden, parce qu'ils n'ont pas expérimenté les douleurs telles que les larmes, le regret, la pauvreté et les maladies dans ce monde. Cependant, les gens dans le jardin d'Eden ne connaissaient ni le vrai bonheur, ni le véritable amour parce qu'ils n'en avaient pas expérimenté la relativité.

Prenons un exemple. Il y a deux garçons, l'un est né et a grandi dans la pauvreté, mais l'autre est né dans l'abondance et en a profité. Si vous donnez aux deux un jouet de grande valeur comme cadeau, quelle va être la réaction de chacun d'eux? D'une part, le garçon qui a vécu dans l'abondance ne sera pas tellement reconnaissant, parce qu'il considère rarement la valeur de l'objet. D'autre part, l'autre garçon qui a grandi dans la pauvreté, sera très reconnaissant et regardera le jouet comme quelque chose de précieux.

## Le véritable bonheur vient au travers de la relativité

De la même manière, ceux qui expérimentent les choses relatives à la liberté ou l'abondance connaissent et se réjouissent du vrai bonheur ou de la vraie liberté. Contrairement au jardin d'Eden, il y a de nombreuses choses relatives dans ce monde. Si vous désirez connaître et jouir de la véritable valeur de chaque chose, vous devez en expérimenter la relativité. Vous ne pouvez réaliser sa véritable valeur sans avoir expérimenté les aspects opposés.

Par exemple, si vous voulez connaître le véritable bonheur, vous devez expérimenter le malheur. Si vous voulez connaître la valeur du véritable amour, vous devez expérimenter la haine. Vous ne pouvez entièrement réaliser la valeur de votre santé si vous n'avez pas expérimenté les douleurs de la maladie ou d'une mauvaise santé. Vous ne pouvez réaliser la valeur de la vie éternelle, et être reconnaissant à Dieu le Père qui vous a préparé le ciel, tant que vous n'avez pas compris qu'il existe certainement la mort et l'enfer.

Le premier homme Adam se réjouissait de tout ce qu'il désirait manger, et possédait l'autorité pour régir toutes choses dans le jardin d'Eden. Il a tout gagné sans effort, sans la sueur de son front. Pour cette raison, il n'a pu adresser sa gratitude à Dieu, qui lui a tout donné, ni connaître Sa grâce et Son amour dans son cœur.

Plus tard, Adam a désobéi au commandement de Dieu en mangeant le fruit. Jusque là, il était un esprit vivant, mais après son péché, son esprit est mort, et il devint un homme de chair. Sa femme et lui furent chassés du jardin d'Eden et vinrent habiter sur la terre. Il a commencé à expérimenter ce qu'il n'avait jamais connu dans le jardin d'Eden : le chagrin, les larmes, le regret, les maladies, la malchance, la mort et ainsi de suite. Finalement, il a expérimenté tout ce qui représentait le contraire du bonheur du jardin d'Eden.

Dans un tel processus, Adam et Eve ont pu comprendre et ressentir à quoi ressemblait le bonheur et le malheur et quelle était la valeur de la liberté et de l'abondance que Dieu leur avait prodiguée dans le jardin d'Eden.

Votre vie n'aurait aucun sens si vous vivez éternellement, sans savoir ce que sont le bonheur et le malheur. Même si vous avez des temps difficiles maintenant, votre vie aura plus de valeur et sera pleine de sens si vous pouvez ressentir le véritable bonheur plus tard.

Par exemple, même si les parents s'attendent à ce que leurs enfants feront des efforts en étudiant, ils les laissent aller à l'école. S'ils aiment leurs enfants, les parents vont les aider à étudier dur ou à expérimenter beaucoup de bonnes choses. C'est la même chose avec le cœur de Dieu le Père qui a envoyé les hommes sur cette terre et les fait grandir comme ses véritables enfants au travers de beaucoup d'expériences.

Pour cette même raison, Dieu a placé l'arbre de la connaissance du bien et du mal dans le jardin d'Eden, et n'a pas empêché Adam et Eve d'en manger le fruit de leur propre libre volonté . Il a planifié toutes choses pour que l'homme puisse expérimenter toutes sortes de joies, de colère, de regrets et de plaisirs dans ce monde et devenir Ses véritables enfants au travers de la croissance humaine.

Au travers d'expériences douloureuses, ils ont finalement compris la vraie valeur et le sens réel de ces choses, une par une, dans le fond de leur cœur.

Parce qu'ils ont connu et ressenti le véritable bonheur au travers de la croissance humaine, les enfants de Dieu ne trahiront plus Dieu à la différence de ce qu' Adam et Eve ont fait dans le jardin d'Eden, et ce peu en importe la durée. Au contraire, ils vont l'aimer de plus en plus, seront remplis de joie et de reconnaissance et Lui en rendront gloire.

## Le véritable bonheur, c'est dans le ciel

Les enfants de Dieu qui ont expérimenté les larmes, le regret, la douleur, les maladies, la mort et ainsi de suite dans ce monde, vont entrer dans le ciel éternel et jouir éternellement du bonheur, de la joie, et de la reconnaissance. Ils ressentiront la joie du parfait bonheur dans le ciel.

Dans ce monde charnel, tout pourrit et meurt, mais il n'y a pas de pourriture, de mort, de larmes et de regrets dans le royaume céleste éternel. L'or est considéré de grande valeur dans ce monde, mais toutes les rues de la Nouvelle Jérusalem sont pavées d'or pur. Les maisons célestes sont faites de merveilleux et coûteux joyaux. Combien elles sont splendides et merveilleuses!

J'avais considéré l'or et les bijoux comme ayant la plus grande valeur jusqu'à ce que je rencontre Dieu, mais lorsque j'ai appris à connaître le ciel éternel, j'ai commencé à considérer toutes choses dans ce monde comme vaines et sans valeur.

La vie dans ce monde peut un temps être comparée à la vie éternelle. Mais si vous croyez et espérez le ciel éternel, vous n'aimerez jamais ce monde. Au contraire, vous allez uniquement vous soucier de la manière dont vous pourriez sauver une personne de plus, ou comment vous pourriez évangéliser les gens dans le monde entier. Vous allez amasser des trésors pour vous-même dans le ciel en donnant vos meilleures offrandes à Dieu de tout votre cœur, sans essayer d'amasser des trésors pour vous sur la terre.

L'apôtre Paul a pu continuer son dur chemin jusqu'au bout avec joie et reconnaissance, parce qu'il a vu le troisième ciel que Dieu lui a montré dans une vision. Il a dû traverser de dures tempêtes en tant qu'apôtre des gentils. Dieu lui a montré la beauté du ciel afin de l'encourager de poursuivre son chemin jusqu'au bout avec l'espérance du ciel. Il a été frappé avec des fouets, sévèrement flagellé, lapidé, emprisonné fréquemment, et il donna son sang en prêchant l'évangile du Seigneur. Malgré cela, Paul savait que toutes choses seraient récompensées grandement, sans limites dans le ciel. En fin de comptes, toutes ses tribulations se transformèrent en grandes bénédictions célestes.

Les hommes de Dieu n'ont pas d'espérance dans ce monde. Ils aspirent uniquement au royaume des cieux. Ce monde n'est qu'un moment aux yeux de Dieu, mais la vie dans le royaume est éternelle. Il n'y a pas de larmes, de regrets, de souffrances ou de mort au ciel. Afin qu'ils puissent toujours vivre dans la joie des grandes récompenses avec lesquelles Dieu les récompensera au ciel selon ce qu'ils auront semé ou fait sur la terre.

C'est pourquoi, je bénis au nom de Notre Seigneur Jésus-Christ, le fait que vous puissiez comprendre le grand amour et la providence de Dieu le Créateur, et que vous vous prépariez à entrer dans le ciel afin que vous puissiez jouir de la vie éternelle et du vrai bonheur dans un ciel extraordinairement beau et glorieux.

**Chapitre 4**

# LE SECRET CACHÉ QUE DIEU, AVANT LES SIÈCLES AVAIT PRÉDESTINÉ

- L'autorité d'Adam transférée au diable
- La loi de rédemption de la terre
- Le secret caché avant le commencement de temps
- Jésus est qualifié selon la loi

*Cependant, c'est une sagesse que nous prêchons parmi les parfaits, sagesse qui n'est pas de ce siècle, ni des chefs de ce siècle, qui vont être anéantis; nous prêchons la sagesse de Dieu, mystérieuse et cachée, que Dieu, avant les siècles, avait destinée pour notre gloire, sagesse qu'aucun des chefs de ce siècle n'a connue, car, s'ils l'eussent connue, ils n'auraient pas crucifié le Seigneur de gloire.*

1 Corinthiens 2 :6-8

Adam et Eve ont été tentés par le serpent dans le jardin d'Eden, ont désobéi au commandement de Dieu, et ont mangé du fruit de l'arbre de la connaissance du bien et du mal parce qu'ils avaient le désir de devenir comme Dieu dans leur pensée. La conséquence est qu'eux même et tous leurs descendants sont devenus des pécheurs.

Selon une perspective humaine, Adam et Eve sont sensés avoir été misérables parce qu'ils ont été chassés du jardin d'Eden et ont dû suivre le chemin de la mort. D'un point de vue spirituel cependant, c'est une étonnante bénédiction de Dieu parce qu'ils ont eu la chance de connaître le salut, la vie éternelle et les bénédictions célestes au travers de Jésus-Christ.

Au travers de l'évolution humaine, le secret qui a été caché pour votre gloire avant les siècles a été révélé et le chemin du salut a été ouvert pour toutes les nations. Pénétrons plus profondément dans ce secret qui a été caché avant que les temps ne commencent c'est-à-dire comment le chemin du salut a-t-il été ouvert.

## L'autorité d'Adam transférée au diable

Dans Luc 4 :5-6, nous trouvons le diable qui tente Jésus juste après son jeûne de 40 jours :

> *Le diable l'ayant élevé lui montra en un instant tous les royaumes de la terre, et lui dit : je te donnerai toute la puissance et la gloire de ces royaumes, car elle m'a été donnée, et je la donne à qui je veux.*

Le diable dit qu'il donnerait l'autorité à Jésus parce qu'elle lui a été transférée par quelqu'un d'autre. Comment Dieu qui gouverne toutes choses a-t-Il permis que l'autorité soit transférée au diable?

Il est écrit dans Genèse 1 :28 *«Dieu les bénit et leur dit : soyez féconds et multipliez, remplissez toute la terre et assujettissez-la ; et dominez sur les poissons de la mer, sur les oiseaux du ciel, et sur tout animal qui se meut sur la terre».*

Adam a reçu de Dieu, l'autorité et la puissance pour diriger et gérer toutes choses. Il était le seigneur de toutes choses, mais après un temps assez long, lui et sa femme furent trompés par le rusé serpent et mangèrent le fruit de l'arbre de la connaissance du bien et du mal. Il commit le péché de désobéissance contre Dieu.

Romains 6 :16 nous dit : *«ne savez vous pas qu'en vous livrant à quelqu'un comme esclaves pour lui obéir, vous êtes esclaves de celui à qui vous obéissez, soit du péché qui conduit à la mort, soit de l'obéissance qui conduit à la justice?»* Vous êtes esclaves du péché ou de la justice. Si vous commettez le péché, vous devenez esclaves du péché et serez conduits à la mort. Si vous obéissez par contre à la parole de justice, vous devenez esclaves de la justice, et vous entrerez au ciel.

Adam a commis un péché de désobéissance à Dieu et est devenu esclave du péché. Donc, il ne pouvait plus détenir toute la puissance et l'autorité que Dieu lui avait données. Il a dû transférer l'autorité et la puissance au diable, tel que l'esclave doit céder tout ce qu'il possède naturellement à son maître. En bref, Adam a remis l'autorité et la puissance que Dieu lui avait données au diable, parce qu'il avait péché, et il est devenu esclave du péché.

La désobéissance d'Adam a conduit au péché de tous les hommes, et a fait de tous ses descendants des esclaves du diable, condamnés à la mort.

## La loi de rédemption de la terre

Que doivent faire les gens pour être libérés de l'esclavage de Satan et du diable, et sauvés du péché et de la mort? Certains disent «Dieu pardonne tout le monde inconditionnellement, parce qu'Il est amour. Il abonde de bonté et de miséricorde.» Cependant, 1 Corinthiens 14 :40 dit *«mais que tout se fasse avec bienséance et avec ordre».* Dieu fait toutes choses de manière ordonnée, selon les lois du monde spirituel Dieu ne fait rien en contradiction avec la loi spirituelle, parce qu'Il est le Dieu de justice et de droiture.

Dans le monde spirituel, il y a une loi pour punir les pécheurs, qui dit que «le salaire du péché est la mort». Il y a aussi une loi pour la rédemption des pécheurs. Cette loi spirituelle doit être appliquée pour récupérer l'autorité qu'Adam avait transférée au diable.

Alors, quelle est la loi de la rédemption des pécheurs ? C'est la loi de rédemption du pays enregistrée dans l'Ancien Testament. Avant le commencement des temps, Dieu le Père avait préparé en secret la voie du salut humain selon cette loi.

## La loi de rédemption de la terre

Ceci est le commandement de Dieu dans Lévitique 25 :23-25 :

> *Les terres ne se vendront point à perpétuité ; car le pays est à moi, car vous êtes chez moi comme étrangers et comme habitants. Dans tout le pays dont vous avez la possession, vous établirez le droit de rachat pour les terres. Si ton frère devient pauvre et vend une portion de sa propriété, celui qui a le droit de rachat, son plus proche parent, viendra et rachètera ce qu'a vendu son frère.*

Chaque portion de pays appartient à Dieu et ne peut être vendue définitivement. Si quelqu'un a vendu sa terre à cause de la pauvreté, Dieu lui permettait, ou à l'un de ses proches, de la racheter. Ceci est la loi de rédemption de la terre.

Le peuple d'Israël a dressé le certificat de vente de la terre, selon la loi de la rédemption, afin de ne pas vendre la terre définitivement, lorsqu'ils vendent ou achètent.

Le vendeur et l'acheteur écrivent les caractéristiques détaillées du contrat de la terre sur le certificat, afin que le vendeur, ou son parent le plus proche puisse la racheter un peu plus tard. Ils en font une copie et scellent les deux contrats avec leurs sceaux en présence de deux ou trois témoins. L'un des exemplaires du contrat est conservé dans un entrepôt du saint temple. L'autre est conservé ouvert et non scellé dans une pièce de l'entrée. La loi de la rédemption de la terre permet au vendeur et à son proche parent de racheter la terre à n'importe quel moment.

## La loi de la rédemption de la terre et le salut humain

Pourquoi Dieu a-t-Il préparé le chemin du salut humain selon la loi de la rédemption de la terre? Genèse 3 :19 et 23 montrent que la loi de la rédemption de la terre a une relation directe avec le salut de l'humanité.

*C'est à la sueur de ton visage que tu mangeras du pain, jusqu'à ce que tu retournes dans la terre d'où tu as été pris, car tu es poussière et tu retourneras dans la poussière. (Genèse 3 :19)*

*Et l'Eternel Dieu le chassa du jardin d'Eden, pour qu'il cultivât la terre d'où il avait été pris. (Genèse 3 :23)*

Dieu dit à Adam après sa désobéissance «tu es poussière et tu retourneras à la poussière». Ici «poussière» représente l'homme qui a été formé de la poussière. Pour cela, l'homme retourne à la poussière après sa mort.

La loi de la rédemption de la terre dit que toute terre appartient à Dieu et ne peut être vendue de manière permanente (Lévitique 25 :23-25). Ces versets signifient que tout homme provenant de la poussière de la terre appartient à Dieu et ne peut être vendu de manière permanente. Ceci signifie également que toute puissance et toute autorité qu'Adam avait reçue de Dieu dans le jardin d'Eden ne pouvait être vendues de manière permanente, parce qu'elles appartenaient à Dieu.

L'autorité d'Adam avait été transférée à notre ennemi Satan et le diable, mais celui qui est capable de racheter l'autorité perdue d'Adam, pouvait aussi la restaurer de l'ennemi le diable. De la même manière, le Dieu de justice a prédestiné un sauveur parfait selon la loi de la rédemption de la terre. Ce rédempteur est le Sauveur de tous les hommes.

## Le secret caché avant le commencement de temps

Avant que le temps ne commence, le Dieu d'amour savait qu'Adam allait lui désobéir, et que tous ses descendants allaient tomber dans le chemin de la mort. Il prépara en secret, le chemin du salut humain, et il le cache jusqu'au temps qu'Il avait choisi.

Si le diable avait eu connaissance du plan de Dieu, il aurait empêché Dieu de résoudre le problème du péché et de la mort de tout homme, afin de ne pas perdre son autorité. 1 Corinthiens 2 :7 observe que «*nous prêchons la sagesse de Dieu mystérieuse et cachée, que Dieu avant les siècles avait prédestinée pour notre gloire».*

## Jésus-Christ, la sagesse de Dieu

Romains 5 :18-19 dit *«ainsi donc, comme par une seule offense, la condamnation a atteint tous les hommes, de même par un seul acte de justice, la justification qui donne la vie s'étend à tous les hommes, car comme par la désobéissance d'un seul homme, beaucoup ont été rendus pécheurs, de même par l'obéissance d'un seul, beaucoup seront rendus justes».*

Tous les hommes deviendraient justes et seraient sauvés par l'obéissance d'un seul homme, tout comme tous les hommes sont devenus pécheurs et sont tombés dans le chemin de la mort à cause de la désobéissance d'un homme.

De la même manière, Dieu a envoyé Jésus-Christ, qu'Il avait préparé en secret, comme chemin du salut, et il l'a laissé crucifier et ressusciter. A partir de cela, tous ceux qui croient en Lui sont sauvés. Dans 1 Corinthiens 1 :18, Dieu nous dit que *«car la prédication de la croix est une folie pour ceux qui périssent, mais pour nous qui sommes sauvés, elle est une puissance de Dieu».*

Cela paraît fou à beaucoup de gens, que le Fils de Dieu le Tout Puissant, soit insulté et tué par ses créatures. Cependant, ce plan fou de Dieu est plus sage que le plus sage des plans humains et la faiblesse de Dieu est de loin plus forte que la plus grande des forces humaines (1 Corinthiens 1 :24). La Bible nous dit explicitement que personne ne peut être rendu juste devant Dieu en observant la loi. Cependant, Dieu a ouvert le chemin du salut pour quiconque croit simplement en Jésus-Christ.

Le salaire du péché c'est la mort. Donc personne n'aurait pu être sauvé si Jésus n'était pas mort pour nos péchés. Jésus a été crucifié pour nos péchés et ressuscita par la puissance de Dieu. Dieu a donc préparé un chemin qui a l'air d'être faible ou fou, et l'a caché pendant longtemps.

Dieu a caché Jésus-Christ et Sa crucifixion dans le secret parce que si notre ennemi Satan et le diable l'avaient su, ils auraient bloqué le chemin du salut humain. Le diable n'aurait jamais tué Jésus-Christ à la croix s'il avait su que Dieu préparait le chemin du salut au travers de la croix pour racheter tous les hommes de leurs péchés, les sauver de la mort et récupérer l'autorité d'Adam volée par le diable.

A nouveau, rappelez vous 1 Corinthiens 2 :7-8 : «*nous prêchons la sagesse de Dieu, mystérieuse et cachée, que Dieu, avant les siècles avait destinée pour notre gloire. Sagesse qu'aucun des chefs de ce siècle n'avait connue, car s'ils l'avaient connue, ils n'auraient pas crucifié le Seigneur de gloire*».

## Jésus est qualifié selon la loi

Comme chaque contrat a des règles, le monde spirituel a aussi une règle, qui stipule que celui qui rachète doit être qualifié pour restaurer l'autorité perdue d'Adam selon la loi de rédemption du pays.

Par exemple, supposons qu'il y a un homme qui fait face à la faillite dans ses affaires. Il a une grande dette et est incapable de l'acquitter. S'il a un frère prospère qui l'aime, le frère rachètera immédiatement sa dette .

Tous les hommes qui sont pécheurs depuis la chute d'Adam ont besoin d'un rédempteur qui est qualifié pour les laver de leurs péchés. Quelles sont alors les qualifications requises d'un sauveur? Pourquoi la Bible dit-elle que seul Jésus-Christ est qualifié?

## Premièrement, le Sauveur doit être un homme

Dans Lévitique 25 :25, il est écrit *«si ton frère devient pauvre et vend une portion de sa propriété, celui qui a le droit de rachat, son plus proche parent, viendra et rachètera ce qu'a vendu son frère»*. La loi de rédemption du pays dit que si un homme devient pauvre et vend sa propriété, son parent le plus proche peut racheter ce qu'il vend.

1 Corinthiens 15 :21-22 dit *«car, puisque la mort est arrivée par un homme, c'est aussi par un homme qu'est venue la résurrection des morts, et comme tous meurent en Adam, tous revivront aussi en Jésus-Christ»*. La première caractéristique d'un rédempteur qui peut restaurer l'autorité d'Adam est qu'il soit un homme. Ce fait est mentionné à nouveau en détails dans Apocalypse 5 :1-5 :

> *Puis, je vis dans la main droite de celui qui est assis*
> *sur le Trône, un livre écrit en dedans et en dehors, scellé*

*de sept sceaux. Et je vis un ange puissant qui criait d'une voix forte : qui est digne d'ouvrir le livre, et d'en rompre les sceaux? Et personne dans le ciel et sur la terre ne put ouvrir le livre et le regarder. Et je pleurai beaucoup de ce que personne ne fut trouvé digne d'ouvrir le livre, ni de le regarder. Et l'un des vieillards me dit : ne pleure pas, voici le Lion de la tribu de Juda, le rejeton de Da*vid a vaincu pour ouvrir le livre et les sept sceaux.

«Un rouleau écrit en dedans et en dehors et avec sept sceaux» signifie un contrat qui a été conclu entre Dieu et le diable quand Adam a désobéi à Dieu, et est devenu pécheur. L'apôtre Jean ne pouvait trouver personne qui était capable de rompre les sceaux et d'ouvrir le livre, ni dans le ciel, ni sur la terre, ni sous la terre.

C'est parce que les anges dans le ciel ne sont pas des hommes, tous les hommes sur la terre sont des pécheurs, et sous la terre il n'y a que des esprits impurs qui appartiennent au diable, et des âmes mortes, prêtes à tomber en enfer.

A ce moment, un des anciens dit à Jean «ne pleure pas, regarde, le Lion de la tribu de Juda, le rejeton de David a triomphé.» Il est capable d'ouvrir le livre et d'en rompre les sept sceaux. Ici le «rejeton de David» se réfère à Jésus qui est né de la descendance du Roi David de la tribu de Juda (Actes 13 :22-23). A cause de cela, Jésus est qualifié pour répondre à la première exigence de la loi de rédemption du pays. Certains pourraient dire «Dieu est Absolu, Jésus est sûrement Dieu puisqu'Il est le Fils de Dieu. Il n'est jamais un homme». Souvenez-vous,cependant, Jean 1 :1 qui dit *«la parole était Dieu»* et Jean 1 :14 dit *«et la parole a été faite chair, et elle a demeuré parmi nous».* Dieu qui était la parole est devenu chair, et Il a vécu sur la terre parmi nous.

C'était Jésus dont l'entité originelle était Dieu, et qui devint chair comme un homme. Il était la parole dans son entité, et le Fils de Dieu. Il avait l'humanité et la divinité. Cependant Il est né et Il a grandi comme un humain dans la chair. L'histoire de l'humanité est divisée en deux parties avec le moment de la naissance de Jésus comme point de séparation : AJ avant Jésus et AD «Anno Domini». Rien que ceci confirme en soi que Jésus est venu dans la chair dans ce monde. La naissance de Jésus, sa croissance et sa crucifixion font aussi partie de ces faits évidents.

Jésus est donc un homme et de ce fait qualifié pour être notre Sauveur.

## Deuxièmement, Il ne peut être de la descendance d'Adam

Un débiteur ne peut rembourser les dettes des autres. Uniquement celui qui n'a pas de dettes et a la capacité d'aider les autres peut les payer.

De la même manière, le Rédempteur de tous les hommes doit être sans tâche ni blâme de manière à pouvoir racheter tous les hommes du péché et de la mort. Tous les hommes sont les descendants d'Adam et des pécheurs parce que le premier ancêtre de tous les hommes a péché. Aucun de ses descendants n'est donc qualifié pour être le Rédempteur de tous les hommes, parce qu'eux même sont pécheurs. Même l'homme le plus fameux de l'histoire ne peut être responsable pour les péchés des autres.

Jésus possède-t-Il cette qualification?

Matthieu 1 :18-21 décrit la naissance de Jésus. Il fut conçu par le Saint-Esprit, et non par l'union d'un homme et d'une femme. Les versets disent :

> *Voici de quelle manière arriva la naissance de Jésus-Christ. Marie sa mère ayant été fiancée à Joseph, se trouva enceinte par la vertu du Saint-Esprit, avant qu'ils aient habité ensemble. Joseph, son époux, qui était un homme de bien et qui ne voulait pas la diffamer, se proposa de rompre secrètement avec elle. Comme il y pensait, voici un ange du Seigneur lui apparut en songe, et dit : Joseph, fils de David, ne crains pas de prendre avec toi Marie ta femme, car l'enfant qu'elle a conçu vient du Saint-Esprit. Elle enfantera un fils et tu lui donneras le nom de Jésus ; c'est lui qui sauvera Son peuple de ses péchés.*

Jésus était le descendant de David, selon sa généalogie (Matthieu 1 ; Luc 3 :23-27). Cependant, il a été conçu par le Saint-Esprit avant que Marie ne soit unie avec Joseph. A cause de cela, Il n'avait pas la nature pécheresse.

Tout le monde est né avec le péché originel parce qu'il hérite de la nature pécheresse de ses parents. En d'autres termes, après son péché, Adam a transmis sa nature pécheresse à ses descendants. Cette nature pécheresse est l'héritage de tous les hommes à ce jour, et ce péché est appelé le «péché originel». Pour cette raison, tous les descendants d'Adam sont pécheurs et ne peuvent racheter aucun autre homme. Donc, Dieu le Père a planifié que Son Fils Jésus soit conçu par le Saint-Esprit dans le ventre d'une vierge Marie. De cette manière, Jésus est devenu chair et est venu dans ce monde, mais Il n'était pas un descendant d'Adam.

## Troisièmement, le Rédempteur doit avoir la puissance pour vaincre le diable

A nouveau, Lévitique 25 :26-27 nous dit :

> *Si un homme n'a personne qui ait le droit de rachat, et qu'il se procure lui-même de quoi faire son rachat, il comptera les années depuis la vente, restituera le surplus à l'acquéreur et retournera dans sa propriété.*

En bref, un rédempteur doit avoir la puissance pour racheter la terre vendue.

Un homme pauvre ne peut pas rembourser la dette de son ami, même s'il a le désir de le faire. De la même manière, le rédempteur ne peut avoir aucun péché pour racheter tous les hommes du péché. Ne pas avoir de péché est une puissance dans le monde spirituel.

Le rédempteur doit avoir la puissance de vaincre l'ennemi Satan et le diable, afin de restaurer l'autorité perdue par Adam. Ce qui signifie que le rédempteur ne peut avoir ni le péché originel d'Adam, ni son propre péché. Seul un rédempteur sans péché peut libérer tous les hommes du diable et vaincre Satan et le diable.

Jésus était-Il sans péché?

Jésus n'avait pas le péché originel parce qu'Il avait été conçu par le Saint-Esprit. Il a obéi pleinement à la loi de Dieu parce qu'Il a grandi sous le contrôle de parents qui craignaient Dieu. Il a accompli la loi avec amour. Il a été circoncis 8 jours après sa naissance (Luc 2 :21). Il n'a jamais commis lui-même de péché et Il a obéi à la volonté de Dieu le Père jusqu'à ce qu'Il soit crucifié à l'âge de trente trois ans (1 Pierre 2 :22-24 ; Hébreux 7 :26).

Jésus a pu vaincre le diable et a pu racheter tous les hommes parce qu'Il n'avait absolument aucun péché. Son état «sans péché» a été témoigné par la puissance de Ses œuvres. Il a chassé des démons, ouvert les yeux des aveugles et les oreilles des sourds, fait marcher les paralytiques et guéri toutes sortes de maladies incurables. Il a calmé une forte tempête et a arrêté un vent violent, lorsqu'il menaça le vent et dit à la mer «silence! Tais-toi!» (Marc 4 :39).

## Finalement, Il doit avoir un amour jusqu'au sacrifice

Même un homme riche ne peut racheter le pays s'il n'a pas d'amour pour l'homme qui a vendu le pays. De la même manière, le rédempteur doit avoir l'amour pour les pécheurs au point de se sacrifier lui-même, pour résoudre une fois pour tout le problème du péché.

Dans Ruth 4 :1-6, Boaz connaissait vraiment l'état de pauvreté de Naomi, et il dit à son plus proche parent—un acheteur pouvait racheter le terrain s'il le voulait. Mais l'homme refusa en disant à Boaz «*je ne peux pas le racheter parce que cela mettrait en danger mon propre domaine. Toi rachète la terre, moi je ne le peux pas*». Il n'a pas racheté la terre pour Naomi et Ruth, bien qu'il était assez riche pour le faire. La raison en est qu'il n'avait pas d'amour du sacrifice. Finalement, c'est Boaz, le second sur la liste qui racheta la terre parce que lui avait cet amour.

Boaz devint un rédempteur légal et il épousa Ruth, parce qu'il avait eu assez d'amour pour racheter la terre de Naomi. Le fils qui naquit de l'union de Boaz et Ruth, fut l'arrière grand père du Roi David, et est repris dans la généalogie de Jésus.

Jésus a été crucifié par amour. Jésus était la Parole, mais Il est devenu chair et est venu dans ce monde. Il n'était pas un descendant d'Adam, parce qu'Il était conçu par le Saint-Esprit. Ainsi Il était né sans le péché originel. Il avait le pouvoir de racheter tous les hommes de leurs péchés, parce que Lui-même était sans péché.

Cependant, Il ne pouvait devenir le Rédempteur, sans un amour spirituel du sacrifice, et cela même s'il avait possédé les trois autres caractéristiques. Il devait porter la punition des péchés qui écrasaient les pécheurs, afin de racheter tous les hommes de leurs péchés.

Il a dû être traité comme le plus sérieux et dangereux criminel, et être pendu sur une croix de bois. Il a dû être insulté et tourné en dérision et il a du verser sang et eau pour sauver tous les hommes. Il a dû payer un grand prix et faire un grand sacrifice.

On ne peut trouver nulle part dans l'histoire de l'humanité une annale où un prince sans blâme est mort pour ses stupides et méchants sujets. Jésus est le Fils unique du Dieu Tout Puissant, le Roi des rois, le Seigneur des seigneurs, et le maître de toute la création. Un Jésus aussi noble, grand et sans tâche a été pendu sur une croix et est mort en versant Son sang. Quel amour incommensurable il avait pour nous?

En fait, Jésus n'a fait que des œuvres bonnes durant Sa vie. Il a pardonné les pécheurs, guéri toutes sortes de gens malades, délivré beaucoup de gens de démons, partagé la bonne nouvelle de paix, de joie et d'amour, et donné aux hommes un espoir sincère de salut et du ciel. Par-dessus tout, Il a donné Sa propre vie pour les pécheurs.

Romains 5 :7-8 dit *«peine mourrait-on pour un juste; quelqu'un peut-être mourrait-il pour un homme de bien. Mais Dieu prouve son amour envers nous, en ce que, lorsque nous étions encore des pécheurs, Christ est mort pour nous».*

Dieu le Père a envoyé Son Fils unique Jésus pour nous, qui ne sommes ni justes, ni bons, et Il Lui a permis d'être pendu sur la croix et d'y mourir. De cette manière, il a prouvé Son grand amour.

Pour cela j'espère que vous comprenez que vous ne pouvez être sauvés au nom de personne d'autre, si ce n'est au Nom de Jésus-Christ. Puissiez-vous gagner le droit de devenir un enfant de Dieu en acceptant Jésus-Christ, en prêchant l'évangile partout dans le monde, avec l'assurance du salut, et jouissant toujours d'une vie de triomphe – je bénis tout ceci, au Nom du Seigneur Jésus-Christ.

**Chapitre 5**

# POURQUOI JÉSUS EST-IL NOTRE SEUL SAUVEUR?

- La providence du salut par Jésus-Christ
- Pourquoi Jésus a-t-Il été pendu
  à la croix en bois?
- Aucun autre nom dans le monde
  que celui de «Jésus-Christ»

*Jésus est la pierre rejetée pour vous qui bâtissez. Et qui est devenue la principale de l'angle. Il n'y a de salut en aucun autre ; car il n'y a sous le ciel, aucun autre Nom qui ait été donné parmi les hommes, par lequel nous devions être sauvés.*

Actes 4 :11-12

Vous aimerez Dieu de tout votre cœur, lorsque vous réaliserez sa profonde et attentive providence pour la race humaine. De plus, vous devrez admirer Son amour et Sa sagesse lorsque vous réaliserez la providence du salut au travers de Jésus-Christ.

Alors, quelle est cette providence du salut qui a été cachée avant le commencement des temps et qui a été accomplie par Jésus-Christ ? Je vous ai dit plus avant dans ce livre que le Dieu de justice a préparé celui qui est qualifié pour racheter tous les peuples selon la loi spirituelle, et qu'il n'y a personne en dehors de Jésus-Christ, sous le ciel, qui rencontre ces qualifications.

Jésus est le seul qui était un homme, mais pas un descendant d'Adam, parce qu'il était conçu par le Saint-Esprit et est venu dans le monde en chair. De plus, Il avait la puissance et l'amour pour racheter toutes les nations. Ainsi, Il a pu, par sa crucifixion, ouvrir le chemin du salut pour tous les êtres humains.

C'est pourquoi, il est écrit dans Actes 4 :12 *«Il n'y a de salut en aucun autre ; car il n'y a sous le ciel, aucun autre Nom qui ait été donné parmi les hommes, par lequel nous devions être sauvés».* Quiconque accepte et croit en Jésus-Christ est pardonné de tous ses péchés et sauvé. Il passera des ténèbres vers la lumière, et il recevra l'autorité et les bénédictions des enfants de Dieu.

Maintenant, je vais expliquer pourquoi vous devez croire en

Jésus qui a été crucifié afin que vous soyez sauvés et que vous receviez l'autorité et les bénédictions d'un enfant de Dieu.

## La providence du salut par Jésus-Christ

Dieu a préparé le chemin du salut avant le commencement des temps. Le livre de Genèse a prophétisé au sujet de Jésus et du secret du salut humain au travers de la croix.

Genèse 3 :14-15 dit :

> L'Eternel dit au serpent : Parce que tu as fait cela, tu seras maudit entre tout le bétail et entre tous les animaux des champs. Tu marcheras sur ton ventre, et tu mangeras de la poussière tous les jours de ta vie. Je mettrai l'inimitié entre toi et la femme, entre ta postérité et sa postérité ; celle-ci t'écrasera la tête et tu lui blesseras le talon.

Comme cela é été mentionné antérieurement, «le serpent» représente spirituellement l'ennemi Satan, et «manger la poussière» symbolise l'ennemi Satan qui règne sur l'homme qui a été formé de la poussière de la terre. Egalement la «femme» représente «Israël», et «sa postérité» se réfère à Jésus-Christ. La phrase «le serpent lui blessera le talon» symbolise le fait que Jésus sera crucifié, et la «postérité de la femme qui écrasera la tête du serpent» signifie que Jésus-Christ brisera le camp de l'ennemi Satan et le diable en ressuscitant des morts.

## L'ennemi Satan ne pouvait pas réaliser le plan de Dieu

Dieu avait secrètement caché sa providence du salut, afin que l'ennemi Satan ne puisse pas connaître et saisir Sa sagesse.

L'ennemi Satan a essayé de tuer la postérité de la femme avant d'être écrasé. Il a cru qu'il pourrait garder à jamais l'autorité qui lui avait été transférée par Adam, qui avait désobéi à Dieu. Cependant, l'ennemi Satan ne savait pas qui était la postérité de la femme. C'est pourquoi, il a essayé de tuer les prophètes qui étaient aimés de Dieu au temps de l'Ancien Testament.

Lorsque Moïse est né, Satan a utilisé Pharaon, le Roi d'Egypte pour tuer tous les enfants males nés d'une femme Juive (Exode 1 :15-22). Lorsque Jésus fut conçu par le Saint-Esprit et vint sur la terre dans la chair, l'ennemi Satan utilisa le Roi Hérode pour faire la même chose.

Cependant, Dieu connaissait déjà le plan de l'ennemi Satan. Un ange du Seigneur apparut en rêve à Joseph et lui dit de partir en Egypte avec le bébé et sa mère. Dieu permit à la famille de vivre là-bas jusqu'à la mort du Roi Hérode.

## La crucifixion de Jésus autorisée par Dieu

Jésus grandit sous la protection de Dieu et commença Son Ministère à l'âge de trente ans. Il traversa la Galilée, enseignant dans les synagogues, guérissant toutes sortes de maladies et

d'infirmités parmi le peuple, ressuscitant les morts et prêchant l'
Évangile aux pauvres (Matthieu 4 :23 ; 11 :5).

Pendant ce temps, l'ennemi Satan complotait à nouveau pour
pousser les principaux sacrificateurs, les docteurs de la loi et les
pharisiens à tuer Jésus. Cependant, comme vous le savez par la
Bible, aucun homme mauvais ne pouvait même toucher Jésus
parce que tous les événements de Sa vie se produirent sous la
providence de Dieu.

Dieu permit que l'ennemi Satan puisse crucifier Jésus après
seulement trois années de Son Ministère. Le résultat est que Jésus
fut couronné d'épines et mourut à la croix, mains et pieds cloués,
dans de grandes souffrances.

La crucifixion est la méthode la plus cruelle d'exécution.
L'ennemi Satan était très satisfait après qu'il ait fait crucifier Jésus
de cette cruelle manière. Satan chanta des chants de victoire
parce qu'il a cru qu'il continuerait à régner sur la terre, puisqu'il
n'y avait plus personne qui pouvait contester son régime.
Cependant, il y avait cette providence secrètement cachée de
Dieu.

## L'ennemi Satan a violé la loi spirituelle

Dieu n'utilise pas Sa souveraineté absolue contre la loi parce
qu'Il est juste. Il a préparé le chemin du salut au travers de la loi
spirituelle avant le commencement des temps, parce qu'Il exécute
toutes choses au travers de la loi spirituelle.

Etant donné que selon la loi spirituelle, le salaire du péché est
la mort, (Romains 6 :23), personne ne peut connaître la mort s'il

n'a pas de péché. Cependant, Satan a crucifié Jésus qui était pur et sans tâche (1 Pierre 2 :22-23). En faisant cela, l'ennemi Satan a violé la loi spirituelle et il fut trompé par sa propre action. Il devint un instrument du salut humain qui avait été planifié par Dieu. La postérité de la femme lui a écrasé la tête comme cela avait été prophétisé en Genèse.

Généralement, un serpent peut résister si vous lui écrasez la queue, où que vous lui coupez le corps, mais il ne peut rien faire si vous lui saisissez la tête, c'est pourquoi la phrase «Je mettrai l'inimitié entre toi et la femme, entre ta postérité et sa postérité ; celle-ci t'écrasera la tête et tu lui blesseras le talon.» signifie spirituellement que l'ennemi Satan va perdre sa puissance et son autorité à cause de Jésus-Christ. Le serpent qui blesse le talon de la postérité de la femme signifie spirituellement que l'ennemi Satan va crucifier Jésus et cela fut accompli comme prophétisé dans Genèse 3 :15.

## Le salut par la crucifixion de Jésus

Le chemin du salut qui avait été caché par Dieu avant le commencement des temps, fut accompli lorsque Jésus ressuscita trois jours après Sa crucifixion.

Il y a environ 6.000 ans, Adam a dû transférer l'autorité qu'il avait reçue de Dieu à l'ennemi Satan, parce qu'il avait violé la loi spirituelle à cause de sa désobéissance (Luc 4 :6). Cependant, après 4.000 ans, l'ennemi Satan est entré sur le chemin de la destruction en violant cette même loi spirituelle.

C'est pourquoi, l'ennemi Satan a dû libérer ceux qui ont

accepté Jésus-Christ comme leur Sauveur et ont cru en Son nom, et ils ont reçu le pouvoir de devenir enfants de Dieu. L'ennemi Satan aurait-il crucifié Jésus s'il avait connu cette sagesse de Dieu? Jamais. Dans 1 Corinthiens 2 :8, on nous rappelle de la *«sagesse qu'aucun des chefs de ce siècle n'avait connue, car s'ils l'avaient connue, ils n'auraient pas crucifié le Seigneur de gloire».*

Tous ceux qui n'ont pas compris ce fait de nos jours se posent la question «Pourquoi le Dieu Tout Puissant n'a-t-Il pas pu protéger son Fils unique de la mort? Pourquoi l'a-t-Il laissé mourir à la croix?». Cependant, si vous aviez réellement compris la providence de la croix, vous auriez su pourquoi Jésus a du être crucifié, et comment Il est devenu Roi des rois et Seigneur des seigneurs après sa triomphante victoire sur l'ennemi le diable. Donc, quiconque croit au Sauveur qui est mort à la croix et ressuscité le troisième jour afin de racheter l'homme de tous ses péchés peut être déclaré juste et être sauvé.

## Pourquoi Jésus a-t-Il été pendu à la croix en bois?

Pourquoi alors, Jésus devait-Il être pendu à une croix en bois? Pourquoi cette croix devait-elle être en bois? Parmi une variété de méthodes d'exécution, Jésus est mort sur une croix de bois. Selon Galates 3 :13-14, il existe trois raisons spirituelles pour lesquelles Jésus a été pendu sur une croix en bois.

Premièrement, pour nous racheter de la malédiction de la loi

Galates 3 :13 dit *«Christ nous a racheté de la malédiction de la loi, étant devenu malédiction pour nous, car il est écrit : maudit est quiconque qui est pendu au bois»*. Cela explique que Jésus nous a racheté de la malédiction de la loi en ayant été pendu sur une croix en bois.

Tous les hommes ont été maudits et dès lors, condamnés à aller sur le chemin de la mort, à cause de la désobéissance du premier homme Adam, selon ce qui écrit dans Romains 6 :23 *«le salaire du péché c'est la mort»*. Cependant Dieu a donné Son Fils Jésus pour l'humanité et lui a permis d'être pendu sur une croix en bois afin de les racheter de la malédiction de la loi (Deutéronome 21 :23).

De plus, Jésus a versé Son précieux sang à la croix. Observons les versets 11 et 14 de Lévitique 17 :

> *Car la vie de la chair, est dans le sang. Je vous l'ai donné sur l'autel, afin qu'il serve d'expiation pour vos âmes, car c'est par la vie que le sang fait l'expiation. (v 11)*

> *...car la vie de toute chair, c'est son sang qui est en elle... (v 14)*

L'auteur du Lévitique écrit que le sang est la vie, parce que chaque créature a besoin de sang pour vivre et mourrait sans ce sang.

Cependant quand nous mourons, la chair retourne à la poussière, et l'âme va soit au ciel, soit en enfer. Pour recevoir la vie éternelle, il faut être pardonné de tous les péchés. Afin d'être pardonné de tous les péchés, il faut que le sang soit versé comme cela est précisé dans Hébreux 9 :22 *«et presque tout d'après la loi est purifié par le sang, et sans l'effusion de sang, il n'y a pas de pardon».* Pour cette raison, le peuple dans l'Ancien Testament devait offrir le sang des animaux chaque fois qu'il avait péché. Cependant, Jésus a versé Son précieux sang une fois pour toute afin que le peuple soit pardonné et qu'il reçoive la vie éternelle, parce que Lui-même n'a ni le péché originel, ni de péché propre.

De même, vous pouvez recevoir la vie éternelle à cause du sang précieux de Jésus. Parce que Jésus est mort à votre place et a ouvert le chemin pour que vous deveniez enfant de Dieu.

## Deuxièmement, pour donner la bénédiction d'Abraham

La première moitié de Galates 3 :14 dit : *«il nous a racheté, afin que la bénédiction d'Abraham ait pour les païens son accomplissement en Jésus-Christ».* Cela veut dire que Dieu donne les bénédictions qu'il a données à Abraham, nos seulement aux Israélites, mais aussi à tous les Gentils qui ont été déclarés justes en acceptant Jésus comme leur Sauveur.

Abraham a été appelé «père de la foi» et «ami de Dieu», et il vécut dans les bénédictions des enfants, de la santé, d'une longue vie, de la prospérité et ainsi de suite. La raison pour

laquelle Abraham a été abondamment béni est relatée dans
Genèse 22 :16-18 :

> *Je le jure par Moi-même, parole de l'Eternel, parce*
> *que tu as fait cela, et que tu n'as pas refusé ton fils, ton*
> *unique, je te bénirai et je multiplierai ta postérité*
> *comme les étoiles du ciel et comme le sable qui est au*
> *bord de la mer, et ta postérité possèdera la porte de ses*
> *ennemis. Toutes les nations de la terre seront bénies en*
> *ta postérité, parce que tu as obéi à ma voix.*

Abraham Lui a obéi, lorsque Dieu lui a dit «Quitte ton pays,
ton peuple et la maison de ton père, et va dans le pays que je te
montrerai» (Genèse 12 :1). Il a aussi obéi sans excuses ou
plaintes lorsque Dieu lui a dit «Prends ton fils, ton unique, Isaac
que tu aimes, et va dans la région de Morija. Donne-le moi en
holocauste sur une des montagnes que je te montrerai». Cela
était possible pour Abraham parce qu'il croyait en Dieu qui
pouvait ressusciter les morts (Hébreux 11 :19). Il a été capable
d'être une bénédiction et le père de la foi parce qu'il avait une
telle foi ferme.

C'est pourquoi les enfants de Dieu qui acceptent Jésus en tant
que leur Sauveur, doivent avoir la foi d'Abraham. Alors ils
pourront rendre gloire à Dieu en recevant toutes les
bénédictions de la terre.

### Troisièmement, pour donner la promesse du Saint-Esprit

La seconde moitié de Galates 3 :14 dit *«afin que par la foi vous receviez la promesse du Saint-Esprit»*. Cela veut dire que quiconque croit que Jésus est mort sur la croix de bois pour tous les êtres humains est libéré de la malédiction de la loi et reçoit la promesse du Saint-Esprit. De plus, quiconque reçoit Jésus-Christ comme son Sauveur, reçoit l'autorité d'un enfant de Dieu et l'assurance du don du Saint-Esprit. (Jean 1 :12 ; Romains 8 :16).

Lorsque vous recevez le Saint-Esprit, vous pouvez appeler Dieu «Abba Père» (Romains 8 :15), votre nom est inscrit dans le livre de vie au ciel (Luc 10 :20) et vous obtenez la citoyenneté du ciel (Philippiens 3 :20). Ceci est vrai, parce que le Saint-Esprit, qui est le cœur et la puissance de Dieu, vous conduit vers la vie éternelle en vous aidant à comprendre la parole de Dieu et à vivre conformément à cette parole avec foi.

Cependant, vous ne serez sauvé que lorsque, non seulement vous reconnaîtrez Jésus comme votre Sauveur, mais aussi lorsque vous croirez dans votre cœur qu'Il a brisé la puissance de la mort et qu'Il est ressuscité. Romains 10 :9 confirme ceci *«si tu confesses de ta bouche le Seigneur Jésus, et si tu crois dans ton cœur que Dieu le Père l'a ressuscité des morts, tu seras sauvé»*.

Avant le commencement des temps, Dieu a préparé son plan magnifique, que ceux qui croiraient en Jésus comme Sauveur deviendraient unis avec Dieu et seraient conduits vers le salut. Ce plan est merveilleux et mystérieux. Les êtres humains devaient, selon la loi du monde spirituel, qui dit que «le salaire du péché est la mort», aller sur le chemin de la mort à cause du péché du premier homme. Cependant, ils pouvaient être libérés de la loi et sauvés par la foi selon cette même loi à cause de la violation par Satan de cette loi spirituelle.

Les êtres humains ont dû souffrir la douleur, la maladie, les troubles et la mort que l'ennemi le diable avait apporté, lorsqu'ils devinrent esclaves du péché, à cause de la désobéissance. Cependant, quiconque accepte Jésus comme Sauveur et reçoit le Saint-Esprit peut obtenir son salut, la vie éternelle, la résurrection et des bénédictions en abondance.

## Le privilège et les bénédictions des enfants de Dieu

Quiconque ouvre son cœur et accepte Jésus-Christ est pardonné, reçoit le droit de devenir enfant de Dieu, et ressent la paix et la joie dans son cœur. Cela est possible, parce que Jésus a porté tous nos péchés une fois pour toute en étant crucifié. C'est pourquoi, il est écrit dans le Psaume 103 :12 *«Autant l'orient est éloigné de l'occident, Autant il éloigne de nous nos transgressions»*. Il est aussi écrit dans Hébreux 10 :17-18 *«Alors Il ajouta : Et je ne me souviendrai plus de leurs péchés ni de leurs iniquités. Or, là où il y a pardon des péchés, il n'y a plus d'offrande pour le péché»*.

Il n'y a absolument rien dans le monde qui mérite d'être comparé aux droits donnés aux enfants de Dieu par la foi. Dans ce monde, le pouvoir des fils de roi ou d'un président est grand. Combien grand alors doit être le pouvoir des enfants de Dieu le

Créateur qui règne sur le monde et gouverne l'histoire humaine et l'univers?

Dieu ne considère pas comme la véritable foi le fait de reconnaître seulement «Jésus comme Sauveur». Vous devez comprendre qui est réellement Jésus, pourquoi il est le seul Sauveur pour vous et avoir une foi véritable sur base d'une telle connaissance. Ensuite avec cette foi véritable, vous pouvez réaliser quelle est la providence de Dieu cachée derrière la croix et confesser «le Seigneur est le Christ, le Fils du Dieu vivant». Et ensuite vous pourrez vivre conformément à la volonté de Dieu. Sans cette foi véritable, il vous est très difficile d'avoir une foi qui vient du cœur et de vivre conformément à la Parole de Dieu. Pour cela, Jésus a dit dans Matthieu 7:21 : *«Ceux qui me disent: Seigneur, Seigneur! n'entreront pas tous dans le royaume des cieux, mais celui-là seul qui fait la volonté de mon Père qui est dans les cieux».* Jésus a déclaré de manière explicite qu'uniquement ceux qui proclament Jésus «Seigneur, Seigneur» et qui vivent selon la volonté de Dieu seront sauvés.

## Aucun autre nom dans le monde que celui de «Jésus-Christ»

Actes 4 montre une scène dans laquelle Paul et Jean témoignent avec assurance du Nom de Jésus devant le Sanhédrin. Parce qu'ils croyaient sincèrement qu'il n'y avait aucun autre nom que celui de «Jésus-Christ» par lequel un homme puisse être sauvé, Pierre, rempli du Saint-Esprit, leur dit:

*«Jésus est La pierre rejetée par vous qui bâtissez, Et qui est devenue la principale de l'angle. Il n'y a de salut en aucun autre; car il n'y a sous le ciel aucun autre nom qui ait été donné parmi les hommes, par lequel nous devions être sauvés.»* (Actes 4 : 11-12).

Quelles implications spirituelles y a-t-il dans le nom «Jésus-Christ» ? Et pourquoi Dieu ne nous a-t-Il donné aucun autre nom si ce n'est celui de Jésus-Christ par lequel nous puissions atteindre le salut ?

## La différence entre Jésus et Jésus-Christ

Actes 16 : 31 nous dit *«crois au Seigneur Jésus, et tu seras sauvé, toi et toute ta famille».* Il y a une importante raison pour laquelle il est écrit «le Seigneur Jésus-Christ» et non pas simplement «Jésus».

Ici «Jésus» se réfère à un homme qui va sauver Son peuple de ses péchés. «Christ» est un mot Grec qui signifie «Messie» en Hébreux. Il s'agit de «celui qui était oint» (Actes 4 : 27) et se réfère au Sauveur qui est le Médiateur entre Dieu et les hommes. Cela veut dire, «Jésus» est le nom du futur Sauveur, mais «Christ» est le nom du Sauveur qui a déjà sauvé les hommes.

Au temps de l'Ancien Testament, Dieu oignait la personne qui deviendrait roi, ou sacrificateur ou prophète, en versant de l'huile sur la personne qui devait être ointe (Lévitique 4 : 3, 1 Samuel 10 : 1, 1 Rois 19 : 16). L'huile symbolise le Saint-Esprit. Pour cela, oindre quelqu'un signifie donner le Saint-Esprit à la personne choisie par Dieu.

Jésus était oint en tant que Roi, Souverain Sacrificateur et Prophète, Il est venu dans ce monde dans la chair pour sauver tous les êtres humains selon la providence divine qui avait été planifiée avant le commencement des temps. Il a été crucifié pour nous racheter, et est devenu notre Sauveur en ressuscitant le troisième jour. De ce fait, Il est le Sauveur qui a accompli la providence de Dieu pour le salut. Cela étant, Il est le Christ.

Jusqu'à la crucifixion, nous faisons référence à Lui en tant que «Jésus». Cependant, après la crucifixion, et la résurrection, nous nous adressons à Lui en temps que «Jésus-Christ» ou «le Seigneur».

Vous devez savoir qu'il y a une grande différence de puissance entre «Jésus» et «Jésus-Christ». Jésus était le nom sous lequel Il était connu avant qu'Il ait accompli la providence du salut, et Satan n'a pas tellement peur de ce nom. Le nom «Jésus-Christ», par contre, implique les trois choses suivantes : le sang qui nous a racheté de nos péchés ; la résurrection qui a brisé la puissance de la mort ; et la vie qui est éternelle. Devant ce Nom là, l'ennemi Satan tremble de peur.

Beaucoup de gens négligent ce fait parce qu'ils ne comprennent pas la différence. Pourtant, il est vrai que l'oeuvre de Dieu et le résultat seront différents en fonction du nom que vous utilisez. (Actes 3 :6).

Lorsque vous priez à Dieu au nom du Seigneur Jésus-Christ, et gardez ce fait en mémoire, vous allez vivre une vie victorieuse remplie de rapides et abondantes réponses de votre Dieu Tout Puissant.

## L'obéissance totale de Jésus

Malgré que Jésus était Dieu par nature, Il n'a pas considéré son égalité avec Dieu comme quelque chose auquel il devait s'accrocher, et Il n'a pas cherché à réclamer ses droits en tant que Dieu, il s'est rendu nul, a pris l'humble position d'un esclave et est apparu sous la forme d'un être humain.

Un bon serviteur n'a pas de volonté propre. Il travaille selon la volonté de son maître plutôt que selon la sienne. C'est le devoir d'un serviteur d'obéir à la volonté de son maître, même si elle n'est pas en accord avec sa volonté propre ou ses sentiments. Jésus a obéi à la volonté de Dieu avec le cœur d'un bon serviteur, et il a pu ainsi remplir Sa mission pour le salut humain.

Dieu a exalté Jésus, qui a obéi à Sa volonté, en disant «oui» et «amen» aux lieux élevés en laissant beaucoup de gens confesser qu'Il est Seigneur.

*C'est pourquoi aussi Dieu l'a souverainement élevé, et lui a donné le nom qui est au-dessus de tout nom, afin qu'au nom de Jésus tout genou fléchisse dans les cieux, sur la terre et sous la terre, et que toute langue confesse que Jésus-Christ est Seigneur, à la gloire de Dieu le Père. (Philippiens 2 :9-11)*

## Le nom «Seigneur Jésus» témoigne de la puissance de Dieu

Il est dit dans Jean 1 :3 *«toutes choses ont été faites par elle, et rien de ce qui a été fait n'a été fait sans elle»*. Comme toutes choses dans ce monde ont été crées par Jésus, la Parole faite chair, Il possède l'autorité de régir toutes choses en tant que Créateur. Lorsque Jésus, le Fils de Dieu le Créateur l'ordonnait, les choses sans vie comme le vent violent et les vagues Lui obéissaient et se calmaient et un figuier se dessécha immédiatement lorsqu'Il le maudit.

Jésus possédait l'autorité de pardonner les péchés et il a sauvé les pécheurs de la punition de leurs péchés. Ainsi, Jésus dit au paralytique dans Matthieu 9 :2 *«prends courage Mon enfant, tes péchés te sont pardonnés»* et Il dit au verset 6 *«c'est afin que vous sachiez que le Fils de l'homme a autorité sur la terre de pardonner les péchés. Puis il dit au paralytique, Lève-toi, prends ton lit, et va dans ta maison»*.

De plus, Jésus avait la puissance de guérir toutes sortes de maladies et d'infirmités, et de ressusciter les morts. Jean 11 décrit une scène dans laquelle un homme mort, Lazare sortit du tombeau avec ses mains et ses pieds enveloppés dans des bandelettes de lin, lorsque Jésus lui cria d'une voix forte «Lazare sort». Il était mort depuis quatre jours et il y avait une mauvaise odeur, mais il sortit de la tombe comme un homme en bonne santé.

De la même manière, Jésus vous donne tout ce que vous demandez avec foi, parce qu'Il dispose de la merveilleuse puissance de Dieu.

## Jésus-Christ, l'amour de Dieu

Comme il est écrit dans 1 Jean 4 :10, «*et cet amour consiste non point en ce que nous avons aimé Dieu, mais en ce qu'Il nous a aimé, et a envoyé Son Fils comme victime expiatoire pour nos péchés*». Dieu nous a montré son merveilleux amour pour nous. Il a envoyé Son Fils unique comme un sacrifice de rachat alors que nous étions encore pécheurs. Dieu a dû endurer une grande souffrance et a ouvert le chemin du salut humain quand Son Fils Jésus fut cloué à la croix et versa Son sang. Comment le Dieu d'amour a-t-Il dû réagir lorsqu'Il a vu Son Fils unique Jésus crucifié? Dieu n'était pas capable de regarder assis sur Son trône. Matthieu 27 :51-54 nous dit combien Dieu a souffert quand Jésus fut crucifié.

*Et voici, le voile du temple se déchira en deux, depuis le haut jusqu'en bas, la terre trembla, les rochers se fendirent, les sépulcres s'ouvrirent, et plusieurs corps des saints qui étaient morts ressuscitèrent. Etant sortis des sépulcres après la résurrection de Jésus, ils entrèrent dans la ville sainte et apparurent à un grand nombre de personnes. Le centenier et ceux qui étaient avec lui pour garder Jésus ayant vu le tremblement de terre et ce qui était arrivé, furent saisis d'une grande frayeur, et dirent : assurément, cet homme était Fils de Dieu.*

Ceci montre clairement que Jésus fut crucifié, non pour Ses

propres péchés, mais en raison du grand amour de Dieu, afin de conduire tous les hommes sur le chemin du salut. Cependant, beaucoup de personnes n'acceptent pas ou ne comprennent pas cet étonnant amour de Dieu.

Après la désobéissance d'Adam, les êtres humains ne pouvaient pas être avec Dieu et devinrent des hommes de nature pécheresse. Cependant, Jésus est venu sur cette terre et devint le Médiateur entre Dieu et nous de manière à ce qu'Il puisse donner les bénédictions d'Emmanuel à tous les hommes (Matthieu 1 :23). Au travers de la douleur et des souffrances de Jésus à la croix, nous recevons la paix et le repos véritables.

Pour cela, j'espère que vous comprenez le grand amour de Dieu qui nous a donné Son fils unique en rançon pour nous racheter du péché et de la mort éternelle, et l'amour de sacrifice du Seigneur qui, malgré qu'Il soit sans péché, fut crucifié à notre place et ouvrit le chemin du salut.

**Chapitre 6**

# LA PROVIDENCE DE LA CROIX

- Né dans une étable et couché dans
  une crèche
- La vie de Jésus dans la pauvreté
- Fouetté et versant Son sang
- Portant la couronne d'épines
- Les vêtements et la tunique de Jésus
- Cloué mains et pieds
- Les jambes de Jésus non brisées,
  mais Son côté percé

*Cependant, ce sont nos souffrances qu'Il a portées, c'est de nos douleurs qu'Il S'est chargé ; et nous l'avons considéré comme frappé de Dieu et humilié. Mais Il était blessé pour nos péchés, brisé pour nos iniquités ; le châtiment qui nous donne la paix est tombé sur Lui, et c'est par Ses meurtrissures que nous sommes guéris. Nous étions tous errants comme des brebis, chacun suivait sa propre voie ; et l'Eternel a fait retomber sur Lui l'iniquité de nous tous.*

Esaïe 53 :4-6

Dans le plan de Dieu pour obtenir de véritables enfants, la part la plus importante revenait au fait que Jésus est venu en chair dans ce monde, qu'Il a été affligé de toutes sortes de souffrances et qu'Il est mort à la croix. Au travers de tout cela, Il a ouvert le chemin du salut pour les êtres humains.

La providence de Dieu à la croix a une profonde signification spirituelle. Jésus, le Fils unique de Dieu, abandonnant la gloire divine, est né dans une mangeoire pour animaux, et a vécu dans la pauvreté toute sa vie.

De plus, Il a été flagellé, ses pieds et mains ont été cloués, Il a porté une couronne d'épines et a versé sang et eau en ayant Son côté percé par un javelot. Chaque souffrance que Jésus a endurée contient l'incommensurable amour de Dieu.

Quand vous comprendrez pleinement la signification spirituelle de la croix et des souffrances de Jésus, votre cœur sera certainement ému par l'amour de Dieu et vous aurez la foi véritable. Vous pourrez également recevoir des réponses à tous les problèmes de votre vie, tels que la pauvreté et la maladie ainsi que le royaume éternel de cieux.

# Né dans une étable et couché dans une crèche

Jésus étant Dieu par sa nature véritable, était le maître de toutes choses dans le ciel et sur la terre et l'être le plus glorieux. Malgré cela, Il est venu en chair dans ce monde afin de racheter les êtres humains du péché, et les conduire vers le salut.

Jésus est l'unique Fils de Dieu le Tout Puissant Créateur. Pourquoi alors, n'est-Il pas né dans un endroit luxueux ou du moins dans une chambre confortable? Dieu n'aurait-Il pas pu le faire naître dans un superbe endroit? Pourquoi a-t-Il fait naître Jésus dans une étable et coucher dans une mangeoire?

Il y a une profonde signification spirituelle à cela. Vous devriez savoir que Jésus est né spirituellement de la manière la plus glorieuse. Malgré que les gens ne pouvaient pas le voir avec leurs yeux physiques, Dieu était tellement heureux de la naissance de Jésus qu'Il a entouré le bébé Jésus par des cercles de lumière glorieuse dans la présence d'une grande compagnie de l'armée des cieux et d'anges. Vous pouvez avoir un aperçu de cette excitation dans Luc 2 :14, qui nous rapporte ceci : *«gloire à Dieu au plus haut des cieux et paix sur la terre parmi les hommes qu'Il agrée».* Dieu avait aussi préparé de bons bergers et des Mages venus de l'orient et Il les a conduit pour qu'ils viennent adorer le bébé Jésus.

Toute la louange et l'adoration eurent lieu parce que Jésus allait ouvrir la porte du salut par Sa venue dans ce monde, une grande multitude allait entrer dans la vie éternelle en tant qu'enfants de Dieu et Jésus, le Fils de Dieu deviendrait le Roi des rois et le Seigneur des seigneurs.

## La providence de Dieu cachée dans la naissance de Jésus

Lorsque Jésus fut né, César Auguste publia un décret qu'un recensement devait être fait dans tout l'empire Romain. Le peuple Juif était sous l'emprise coloniale de Rome, et ils allèrent vers leur ville natale pour se faire recenser, suivant ainsi l'ordre de César.

Joseph partit aussi avec sa fiancée Marie de la ville de Nazareth en Galilée vers Bethléem, la ville de David, parce qu'il appartenait à la maison et la lignée de David. Marie était liée à Joseph et elle conçut un enfant par le Saint-Esprit avant leur départ, et lui donna naissance pendant leur séjour en cet endroit.

Le nom «Bethléem» signifie richesse, et c'était la ville d'origine du roi David (1 Samuel 16 :1). Michée 5 :1 parle de la ville de Bethléem de la manière suivante *«et toi, Bethléem Ephrata, petite entre les milliers de Juda, de toi sortira pour moi, celui qui dominera sur Israël et dont les activités remontent aux temps anciens, aux jours de l'éternité».* Bethléem a été prophétisée comme étant la ville de naissance du Messie.

En ce temps là, il n'y avait de place pour Joseph et Marie dans aucune auberge, parce que des milliers de gens se trouvaient à Bethléem pour se faire recenser. Marie donna naissance là à l'enfant dans une étable. Elle l'enveloppa dans des vêtements trop larges et le plaça dans une mangeoire, un long container destiné à nourrir les vaches et les chevaux.

Alors pourquoi Jésus, qui est venu en tant que Sauveur de l'humanité, est-Il né d'une manière aussi basse et humble?

## Pour racheter des hommes pareils à des animaux

Ecclésiaste 3 :18 dit *«J'ai dit en mon coeur, au sujet des fils de l'homme, que Dieu les éprouverait, et qu'eux-mêmes verraient qu'ils ne sont que des bêtes».* Des hommes qui ont perdu l'image de Dieu sont comme des animaux aux yeux de Dieu. Le premier homme Adam était à l'origine une âme vivante créée à l'image de Dieu. Il était aussi un homme spirituel parce que Dieu lui avait enseigné uniquement la parole de vérité. Cependant, Adam a mangé le fruit de l'arbre de la connaissance du bien et du mal, en désobéissance au commandement de Dieu, son esprit est mort, et il ne pouvait plus communiquer avec Dieu. De plus, il n'était plus le seigneur de toute la création.

L'ennemi Satan a poussé Adam à suivre la nature pécheresse et son cœur fidèle et pur a été transformé en un cœur impur et infidèle.

Dans votre vie quotidienne, vous avez peut être parfois entendu l'expression «il ne vaut pas mieux qu'un animal». Vous entendez souvent dans les média, parler de gens qui ne sont pas meilleurs que des animaux. A la recherche de leur propre intérêt, ils trompent facilement et manipulent leurs voisins, leurs clients et les membres de leur famille. Parents et enfants parfois se haïssent et sont même parfois prêts à s'entretuer.

Les gens osent parfois faire des œuvres tellement mauvaises

parce que l'âme est devenue le maître de l'homme depuis la mort de l'esprit et ils ont perdu l'image de Dieu à cause de leurs péchés. Pareils à des animaux qui n'ont qu'un corps et une âme. De telles personnes ne peuvent pas entrer dans le ciel, ni appeler Dieu Abba Père. Jésus est né dans une étable pour racheter des êtres humains qui ne sont pas meilleurs que des animaux.

## Jésus est notre vraie nourriture spirituelle

Jésus a été placé dans une mangeoire, un réservoir de nourriture pour les vaches et les chevaux, de manière à devenir une véritable nourriture spirituelle pour les êtres humains qui ne sont pas meilleurs que les animaux (Jean 6 :51).

En d'autres termes, c'était la providence divine pour conduire l'homme vers le salut complet, en lui permettant de retrouver l'image perdue de Dieu et accomplir son devoir en entier. Quel est donc le devoir complet de l'homme? Ecclésiaste 12 :15-16 nous en fournit quelques notions : *«Écoutons la fin du discours: Crains Dieu et observe ses commandements. C'est là ce que doit faire tout homme. Car Dieu amènera toute oeuvre en jugement, au sujet de tout ce qui est caché, soit bien, soit mal».*

Que signifie «craindre Dieu?» Proverbes 8 :13 dit *«la crainte de l'Eternel, c'est la haine du mal».* Pour cela, craindre Dieu signifie ne plus accepter le mal et en même temps rejeter toute espèce de mal qui subsiste dans votre cœur.

Si vous craignez réellement Dieu, vous ferez de votre mieux

pour rejeter toute espèce de mal, vous vous battrez contre le péché et vous le chasserez jusqu'au point de verser le sang. Tels des étudiants qui étudient dur pour s'assurer un meilleur avenir, vous ferez de votre mieux pour craindre Dieu et accomplir tout votre devoir d'homme afin de jouir de l'amour et des bénédictions de Dieu.

Dans la Bible, vous trouverez les commandements que Dieu a donnés à ses enfants, tels que «fais ceci, ne fais pas cela ; garde ceci, mais chasse cela». D'autre part Dieu nous dit ce que les enfants de Dieu devraient faire «prier, aimer, rendre grâce et beaucoup d'autres choses». D'autre part, Dieu nous ordonne de ne pas faire des choses qui conduisent à la mort, telles que la haine, l'adultère et l'ivrognerie.

Il nous dit aussi d'obéir à certains commandements tels que «observer le Sabbat comme un jour saint» «accomplir ses promesses» et ainsi de suite. Dieu nous presse aussi d'écarter ce qui peut nous nuire, en disant «évite toute espèce de mal» «débarasse-toi de l'avidité» et ainsi de suite.

C'est le devoir de l'homme de craindre Dieu et d'observer Ses commandements. Dieu nous tiendra responsable pour toutes nos œuvres au Jour du Jugement, chaque chose cachée, qu'elle soit bonne ou mauvaise. Donc, lorsque vous vivez comme un animal, sans accomplir votre devoir d'homme, il est normal que vous tombiez en enfer selon, la sentence du jugement de Dieu.

# La vie de Jésus dans la pauvreté

Jean 3 :35 dit, *«le Père aime le Fils, et il a remis toutes choese entre Ses mains»*. Vous pouvez lire dans Colossiens 1 :16 *«en Lui ont été créées toutes les choses qui sont dans les cieux et sur la terre, les invisibles et les visibles, trônes, dignités, dominations, autorités. Tout a été créé par Lui et pour Lui»*. En d'autres termes, Jésus est le seul Fils de Dieu, le Créateur, et le Seigneur de toutes choses dans le ciel et sur la terre.

Pourquoi alors est-Il venu dans ce monde dans une condition humble et basse et a-t-Il vécu dans la pauvreté, alors qu'Il était par nature Dieu, le Tout Puissant, et riche au-delà de toute mesure.

## Pour racheter les hommes de la pauvreté

2 Corinthiens 8 :9 dit *«car vous connaissez la grâce de Notre Seigneur Jésus-Christ qui pour vous s'est fait pauvre, de riche qu'Il était, afin que par Sa pauvreté, vous fussiez enrichis»*. La providence du merveilleux amour de Dieu est manifestée en ceci. Jésus, malgré qu'Il était Roi des rois, et Seigneur des seigneurs et le Fils unique de Dieu le Créateur, a abandonné toute la gloire céleste, est venu dans ce monde, a vécu dans la pauvreté en endurant le mépris et la persécution du peuple, pour racheter les êtres humains de la pauvreté.

Au commencement, Dieu a créé l'homme pour qu'il prenne et mange les fruits sans sueur, et qu'il mène une vie prospère sans travailler durement. Cependant, après que le premier homme ait désobéi à la parole de Dieu, il devint corrompu, il ne put manger sa nourriture qu'au prix d'un travail pénible, à la sueur de son front. A cause de cela, l'homme vit souvent dans le manque et la pauvreté.

La pauvreté en soi, n'est pas un péché, donc Jésus n'a pas versé Son sang pour nous racheter de la pauvreté. Cependant, la pauvreté est une malédiction manifestée après la désobéissance d'Adam à Dieu. Donc, Jésus, en vivant dans la pauvreté, vous a rendu riches.

Certains disent que la vie de Jésus dans la pauvreté, signifie la pauvreté spirituelle. Cependant, parce que Jésus a été conçu par le Saint-Esprit, et est un avec Dieu le Père, Il n'est pas correct de penser qu'Il était pauvre en esprit.

Vous devez garder en mémoire le fait que Jésus a vécu dans la pauvreté afin de vous racheter de la pauvreté, et vous pouvez mener une vie abondante avec reconnaissance pour l'amour et la grâce de Dieu.

Dans la Bible, vous pouvez lire beaucoup de paroles de bénédiction. Par exemple, vous lirez dans Deutéronome 28 :2-6 que :

*Voici toutes les bénédictions qui se répandront sur toi et qui seront ton partage, lorsque tu obéiras à la voix de l'Eternel ton Dieu : Tu seras béni dans la ville et tu seras béni dans les champs. Le fruit de tes entrailles, le fruit de ton sol, les fruits de tes troupeaux, les portées de ton gros et de ton petit bétail, toutes ces choses seront bénies. Ta corbeille et ta huche seront bénies. Tu seras béni à ton arrivée et tu seras béni à ton départ.*

3 Jean 1 :2 nous presse *«bien-aimé, je souhaite que tu prospères à tous égards et sois en bonne santé, comme prospère l'état de ton âme».* En fait, les hommes choisis par Dieu, tels que Abraham, Isaac, Jacob, Joseph et Daniel, ont tous mené des vies très prospères.

## Pour mener une vie riche

Dans Sa justice, Dieu vous fait moissonner ce que vous avez semé. Comme les parents veulent donner uniquement de bonnes choses à leurs enfants, votre Dieu d'amour veut donner tout ce que vous Lui demandez avec foi (Marc 11 :24).

Dieu veut vous donner des réponses et des bénédictions, mais vous ne pouvez rien recevoir si vous ne demandez pas ou si vous demandez sans discernement. Donc, si vous voulez moissonner quelque chose sans semer, vous vous moquez de Dieu et vous aller à l'encontre de la loi spirituelle.

Certains pourraient dire «je voudrais semer, mais je ne peux pas, parce que je suis trop pauvre». Cependant, dans la Bible vous pouvez trouver beaucoup de gens qui étaient très pauvres, mais qui ont fait de leur mieux pour semer, et ils furent richement bénis en retour.

Dans 1 Rois 17, nous voyons qu'il y a eu trois ans et demi de famine dans le pays. Pendant cette famine, une veuve à Sarepta de Sidon fit une petite galette de pain pour le prophète Elie, avec le peu de farine d'un pot et le peu d'huile d'une cruche. C'était tout ce qu'elle avait. Dieu fut tellement satisfait de ce qu'elle avait honoré son serviteur qu'Il la bénit abondamment. Le pot de farine ne se vida pas et la cruche d'huile ne se tarit pas, jusqu'à ce que le Seigneur ait donné la pluie au pays. (1 Rois 17 :14).

A une occasion, pendant le Ministère de Jésus, une pauvre veuve mit quelques petites pièces qui ne valaient que quelques cents dans le trésor du Temple. Cependant, Jésus parla d'elle en disant que la pauvre vieille avait donné plus que tous les autres. C'est parce qu'elle avait donné tout ce qu'elle possédait, tandis que les autres n'ont donné qu'une petite part de leurs richesses. (Marc 12 :42-44).

La chose la plus importante dans votre mémoire est de tout donner à Dieu. Dieu ne voit pas la quantité de votre offrande, mais Il respire le parfum agréable d'amour et de foi contenu dans cette offrande, et il vous bénit en abondance.

## Fouetté et versant Son sang

Avant la crucifixion, les soldats romains se sont moqués de Jésus et l'ont méprisé en le frappant au visage, en crachant sur Lui et ainsi de suite. Ils ont également frappé Jésus avec un fouet, un long fouet de cuir avec des crochets en métal accrochés au bout.

En ces temps-là, les soldats romains étaient robustes, disciplinés et formaient l'armée la plus puissante sur la terre. Combien la douleur devait être violente lorsqu'ils ont arraché Ses vêtements et l'ont flagellé? Lorsqu'ils ont lacéré Son corps avec le fouet, sa chair a été arrachée, les os mis à nu et le sang a coulé abondamment.

Afin d'accomplir la prophétie d'Esaïe le prophète «j'ai offert Mon dos à ceux qui me frappaient», Jésus n'a jamais essayé d'éviter les coups de fouet (Esaïe 50 :6).

## Pour guérir les maladies et les infirmités

Pourquoi alors, Jésus a-t-Il été flagellé avec un fouet et pourquoi a-t-Il versé Son sang? Pourquoi Dieu a-t-Il permis que cela arrive à Son Fils? Esaïe 53 explique le motif des souffrances et de l'affliction de Jésus.

*Mais Il était blessé pour nos péchés, brisé pour nos iniquités ; le châtiment qui nous donne la paix est tombé sur Lui, et c'est par Ses meurtrissures que nous sommes guéris. Nous étions tous errants comme des brebis, chacun suivait sa propre voie, et l'Eternel l'a frappé pour l'iniquité de nous tous (Esaïe 53 : 5-6).*

Jésus a été percé et frappé pour vos transgressions et vos iniquités. Il a été puni, flagellé, et Il a saigné pour vous donner la paix et vous libérer de toute maladie.

Dans Matthieu 9, quand Jésus guérit le paralytique couché sur un grabat, Il a d'abord réglé le problème du péché en disant, *«tes péchés te sont pardonnés»*. Alors seulement, Jésus lui dit *«lève-toi, prends ton grabat et retourne chez toi»*.

Dans Jean 5 après que Jésus eut guéri un homme invalide depuis trente huit ans, Il lui dit *«voici,tu as été guéri ;ne pèche plus, de peur qu'il t'arrive quelque chose de pire»* (Jean 5 :14).

La Bible vous dit que les maladies viennent sur vous à cause de votre péché. Donc, vous avez besoin de quelqu'un qui peut résoudre votre problème de péchés, afin d'être libéré de la maladie. Et *«sans effusion de sang, il ne peut y avoir de pardon des péchés»* (Lévitique 17 :11 ; Hébreux 9 :22).

Ceci est la raison pour laquelle, au temps de l'Ancien Testament, lorsque quelqu'un avait péché, le sacrificateur sacrifiait un animal comme sacrifice de pardon. Cependant, vous n'avez plus besoin de sacrifier des animaux en tant qu'offrande, puisque Jésus est venu dans la chair dans ce monde et a versé son sang pur, sans tache et plein de puissance. Le sang saint de Jésus a payé pour tous les péchés de l'humanité, passés, présents et même à venir.

### Pour porter vos maladies et vos infirmités

Matthieu 8 :17 dit *«afin que s'accomplît ce qui avait été annoncé par Ésaïe, le prophète: Il a pris nos infirmités, et il s'est chargé de nos maladies»*. Donc, si vous savez pourquoi Jésus a été flagellé et a versé Son sang, et que vous le croyez, vous ne devez plus souffrir de maladies ni d'infirmités.

1 Pierre 2 :24 dit *«par Ses meurtrissures, nous avons été guéris»*. Le passé est utilisé dans ce verset, parce que Jésus avait déjà racheté tous les péchés de l'humanité.

Pourquoi certains d'entre nous doutent-t-ils encore, alors que Jésus a porté nos maladies et nos infimités en étant flagellé et en versant Son sang?

Exode 15:26 dit *«si tu écoutes attentivement la voix de l'Eternel ton Dieu, si tu fais ce qui est droit à Ses yeux, si tu prêtes l'oreille à Ses commandements, et si tu observes toutes Ses lois, Je ne te frapperai d'aucune des maladies dont j'ai frappé les égyptiens ; car Je suis l'Eternel qui te guérit».* Cela signifie que si vous faites ce qui est droit aux yeux de l'Eternel, aucune maladie ne vous frappera, parce que Dieu, avec des yeux comme un feu dévorant, vous protège d'elles.

Prenons un exemple. Lorsqu'un enfant revient à la maison en pleurant, après qu'il ait été frappé par l'enfant d'un voisin, la réaction de ses parents face à cet incident peut être très différente en fonction de leur foi.

L'un peut enseigner son enfant ainsi «pourquoi te laisses- tu toujours frapper? Si on te frappe, il vaut mieux que tu le frappes à ton tour deux ou trois fois». D'autres parents pourraient rendre visite aux parents de l'enfant qui a frappé le leur et se plaindre à eux. D'autres pourraient ne pas réagir dans un sens comme dans l'autre, mais ils peuvent être très ennuyés et garder du ressentiment dans leur cœur.

Cependant, Dieu vous dit de rendre le bien pour le mal, d'aimer même vos ennemis, et de chercher la paix avec tous les hommes, en disant *«si quelqu'un te frappe sur la joue droite, tends lui aussi l'autre»* (Matthieu 5 :39).

C'est pourquoi, si vous faites ce qui est bien à Ses yeux, il n'est pas difficile pour vous de garder les commandements de Dieu et ses décrets. Lorsque vous persévérez dans la prière et faites de votre mieux, la grâce et la puissance de Dieu viennent sur vous et vous pouvez facilement accomplir toutes choses avec l'aide du

Saint-Esprit.

Si vous vous écartez du péché, et que vous faites ce qui est juste à Ses yeux, les maladies ne peuvent pas vous toucher. Et quand bien même elles viendraient sur vous, Dieu le Père pardonnera vos péchés et vous guérira complètement dès que vous cherchez ce qui n'est pas correct aux Yeux de Dieu, et que vous vous en repentez de tout votre cœur.

Même si vous confessez avec vos lèvres que Dieu est tout puissant, mais que vous vous reposez sur le monde ou que vous allez à l'hôpital lorsque vous faites face à un problème ou une maladie, Dieu n'est pas content de vous, parce que cela prouve que vous ne croyez pas vraiment qu'Il est le Dieu Tout Puissant. (2 Chroniques 16).

## Portant la couronne d'épines

Une couronne appartient à un roi avec ses vêtements royaux. Malgré que Jésus était le véritable et seul Fils de Dieu, le Roi des rois et le Seigneur des seigneurs, Il a porté une couronne tressée avec de longues et dures épines au lieu d'une belle couronne en or, argent et couverte de joyaux.

*Ils tressèrent une couronne d'épines, qu'ils posèrent sur Sa tête, et Lui mirent un roseau dans la main droite; puis, s'agenouillant devant Lui, ils Le raillèrent en disant : Salut roi des Juifs! Et ils crachaient contre Lui, prenaient le roseau et frappaient sur Sa tête. (Matthieu*

*27 :29-30)*

Les soldats romains ont tressé des épines ensemble pour façonner une couronne trop petite pour Lui, et la lui enfoncèrent fermement sur la tête. Ainsi les épines percèrent son front et sa tête, et le sang ruissela sur son visage. Pourquoi, le Dieu Tout Puissant a-t-Il permis que son Fils unique porte une couronne d'épines, souffre d'une douleur punitive et verse Son sang ?

## Tout d'abord, Jésus a porté la couronne d'épines pour nous racheter des péchés que nous commettons dans nos pensées

Quand l'homme, créé par Dieu, communiquait avec Lui et observait Sa parole, il ne commettait pas de péché parce que sa pensée était toujours en accord avec la volonté de Dieu et qu'il Lui obéissait.

Cependant, lorsqu'il fut tenté par le serpent et reçut la pensée que lui donnait Satan, il a rapidement commis un péché. Auparavant, il n'avait jamais pensé à manger le fruit de l'arbre de la connaissance du bien et du mal. Après avoir été tenté, cependant, il le mangea parce qu'il semblait être bon en tant qu'aliment, plaisant à la vue et utile pour acquérir de la sagesse.

De la même manière, Satan, qui a conduit le premier homme, Adam et Eve à désobéir à Dieu, est en train de vous conduire à pécher dans vos pensées.

Dans le cerveau humain, il y a des cellules qui sont responsables de la mémoire. Tout ce que vous avez vu, entendu ou appris depuis votre naissance a été mis dans les cellules de votre mémoire, en même temps que vos propres sentiments face à des situations spécifiques et individuelles et à des informations. Nous appelons cela «connaissance». Ce que nous appelons «pensée», est le résultat du filtrage de ces informations stockées par votre âme.

Les personnes ont grandi dans des environnements différents. Ce qu'ils ont vu, entendu et appris est différent des autres, et ce qui a été stocké dans leur cerveau est aussi différent. Même si ce qu'ils ont vu, entendu et appris est le même, chacun à ses sentiments propres à un moment donné et c'est pourquoi, il est inévitable qu'ils aient des valeurs différentes.

La Parole de Dieu est souvent en désaccord avec votre propre connaissance et vos théories. Par exemple, vous pouvez croire que pour être élevé, vous devez tout faire pour surpasser les autres. Cependant, Dieu a enseigné que quiconque s'humilie sera élevé (Matthieu 23 :12).

Beaucoup de gens croient qu'il est très normal de haïr ses ennemis, mais Dieu nous dit «aimez vos ennemis» et «si ton ennemi a faim, nourris-le, s'il a soif, donne-lui à boire.»

Les pensées de Dieu sont spirituelles, mais les pensées des hommes sont charnelles. L'ennemi Satan vous donne des pensées charnelles afin de vous tenter pour vous éloigner de Dieu, pour vous détourner de la véritable foi, pour vous conduire à suivre des voies mondaines et enfin pour vous faire commettre le péché et aller vers la mort éternelle.

Dans Matthieu 16 :21 et les versets suivants, Jésus a expliqué à ses disciples qu'Il souffrirait beaucoup, qu'Il serait tué à la croix, et qu'Il ressusciterait le troisième jour. En entendant, cela, Pierre prit Jésus à part, et commença à le reprendre, en disant *«jamais Seigneur, cela ne t'arrivera jamais»* (v 22). Cependant Jésus se retourna, et dit furieusement *«arrière de moi Satan! Tu es une pierre d'achoppement pour Moi ; tu n'as pas en mémoire les choses de Dieu, mais les choses des hommes»* (v 23). Quand Jésus, en colère dit «arrière de moi Satan», Il ne voulait pas dire que Pierre était Satan, mais que c'était Satan lui-même qui travaillait dans les pensées de Pierre pour perturber l'œuvre de Dieu.

C'était parce que Jésus devait porter la croix pour le salut de l'humanité, en accord avec la volonté de Dieu, mais Pierre essayait de l'empêcher d'accomplir la volonté de Dieu avec ses pensées charnelles.

L'apôtre Paul écrit dans 2 Corinthiens 10 : 3-6 ce qui suit :

> *Si nous marchons dans la chair, nous ne combattons pas selon la chair. Car les armes avec lesquelles nous combattons ne sont pas charnelles ; mais elles sont puissantes par la vertu de Dieu, pour renverser les forteresses. Nous renversons les raisonnements et toute hauteur qui s'élève contre la connaissance de Dieu, et nous amenons toute pensée captive à l'obéissance à Christ. Nous sommes prêts aussi à punir toute désobéissance, lorsque votre obéissance sera complète.*

Vous devez détruire votre raisonnement et vos arguments propres, que vous avez développés et qui souvent sont en opposition avec le royaume de Dieu. Rendez captive toute pensée, pour la rendre obéissante à Christ de manière à vivre en conformité avec la vérité et ainsi vous deviendrez une personne spirituelle et de foi.

Vous devez abandonner l'idée de frapper deux fois quelqu'un afin de ne pas perdre la face lorsqu'il vous a frappé, parce que cette pensée charnelle est en opposition avec la vérité.

Pour cela vous devez abandonner tous les péchés qui proviennent de vos pensées. Pour résoudre complètement le problème du péché, vous devez d'abord abandonner les grands désirs de l'homme pécheur, la convoitise de vos yeux et l'orgueil de votre vie. Ce sont les pensées de contrevérité dans lesquelles Satan se réjouit.

Les désirs d'un homme pécheur sont les pensées qui naissent dans son intelligence, et sont les désirs qui s'opposent à la volonté de Dieu. Galates 5 :19-21 donne une liste de ces désirs :

> *Or, les œuvres de la chair sont manifestes, ce sont l'adultère, l'impudicité, l'impureté, la dissolution, l'idolâtrie, la magie, les inimitiés, les querelles, les divisions, les sectes, l'envie, les meurtres, l'ivrognerie, les excès de table et les choses semblables. Je vous dis d'avance, comme je l'ai déjà dit, que ceux qui commettent de telles choses n'hériteront point le royaume de Dieu.*

Le véritable désir de Dieu qu'Il veut que vous fassiez, est d'abandonner le désir de l'homme charnel.

La convoitise des yeux de quelqu'un signifie que son intelligence devient fortement influencée par ce qu'il voit et entend, et il commence à suivre les pensées qui naissent dans son intelligence. Lorsque quelqu'un aime le monde et recherche la convoitise de ses yeux, seuls ces désirs deviennent valables et rien ne peut le satisfaire.

Un esprit de vantardise s'élève dans une personne qui aime les plaisirs mondains et qui les poursuit, afin de satisfaire les désirs de sa nature pécheresse et le désir de ses yeux. C'est ce qu'on appelle l'orgueil de la vie.

Jésus a porté une couronne d'épines et a versé son sang, pour nous racheter de toute forme d'immoralité, d'iniquité et de mal. Etant donné que seul le sang sans blâme ni tâche de Jésus pouvait nous racheter de nos péchés, Il nous a racheté de tous les péchés commis dans nos pensées, en portant une couronne d'épines sur Sa tête et en versant Son sang.

## Deuxièmement, Jésus a porté la couronne d'épines pour permettre à l'homme de porter de meilleures couronnes dans le ciel

Une autre raison pour laquelle Il a porté une couronne d'épines est de vous permettre d'obtenir de meilleures couronnes. Comme Il vous a racheté de la pauvreté et vous a donné la richesse en menant une vie de pauvreté, de même, Il a porté une couronne d'épines afin de vous permettre de porter de meilleures couronnes au ciel.

Il y a un nombre incalculable de couronnes préparées pour les enfants de Dieu dans le ciel. Il y a des prix, telles les médailles d'or, les médailles d'argent et les médailles de bronze qui sont donnés aux vainqueurs selon leur rang dans une compétition athlétique. De la même manière, il y a différentes couronnes dans le ciel.

Il y a la couronne incorruptible, décrite dans 1 Corinthiens 9 :25 *«tous ceux qui combattent s'imposent toute espèce d'abstinence pour obtenir une couronne corruptible ; mais nous, faisons-le pour une couronne incorruptible»*. Une couronne incorruptible est préparée pour les enfants de Dieu qui combattent pour se débarrasser de leurs péchés. La couronne de gloire est préparée pour ceux qui ont chassé leurs péchés et qui vivent en accord avec la parole de Dieu et le glorifient (1 Pierre 5 :4). La couronne de vie est aussi préparée pour ceux qui aiment vraiment Dieu, lui sont fidèles jusqu'à la mort et deviennent saints en abandonnant toute espèce de mal (Jacques 1 :12 ; Apocalypse 2 :10).

La couronne de justice est donnée à ceux qui, comme l'apôtre Paul deviennent saints en abandonnant tous leurs péchés, et accomplissent pleinement leur mission conformément à la volonté de Dieu (2 Timothée 4 :8).

Il est également décrit dans Apocalypse 4 :4 qu' *«autour du trône, je vis vingt quatre vieillards assis, revêtus de vêtements blancs, et sur leurs têtes, des couronnes d'or»*. La couronne d'or est préparée pour les gens qui atteignent le niveau d'un ancien et qui assisteront Dieu dans la Nouvelle Jérusalem.

Ici, le mot «ancien» ne signifie pas ceux qui reçoivent ce titre dans nos églises du monde, mais bien ceux qui sont reconnus par Dieu en tant qu'anciens, parce qu'ils sont saints, sont fidèles dans la toute maison de Dieu, et qu'ils ont une foi inébranlable, en or.

Dieu donne différentes couronnes à Ses enfants, selon le niveau auquel ils ont abandonné le péché, et accompli la mission que Dieu leur a donnée. Les enfants de Dieu seront grands dans le ciel et recevront de meilleures couronnes, dans la mesure où ils ne pensent pas à satisfaire les désirs de leur nature pécheresse, et se comportent correctement par rapport à la parole de Dieu (Romains 13 :13-14), si leur âme prospère tandis qu'ils vivent par l'Esprit (Galates 5 :16), et s'ils accomplissent fidèlement leur devoir et leur mission!

De la même manière, Jésus vous a racheté de tous les péchés commis par vos pensées en portant une couronne d'épines et en versant Son sang. Combien vous devez lui être reconnaissants, parce qu'Il vous prépare de meilleures couronnes dans le ciel, qui vous seront données selon la mesure de votre foi et le niveau d'accomplissement de votre mission.

Pour cela, vous devez réaliser combien il est glorieux d'être qualifié pour recevoir ces couronnes. Alors vous aurez le cœur de votre Seigneur en abandonnant toute espèce de mal, accomplissant avec zèle votre mission et en demeurant fidèle en toutes choses dans la maison de Dieu. J'espère que vous recevrez la meilleure couronne possible dans le ciel.

# Les vêtements et la tunique de Jésus

Jésus, qui a porté une couronne d'épines et a versé Son sang sur tout Son corps à cause d'une flagellation horrible, est arrivé à Golgotha, l'endroit de la crucifixion. Lorsque les soldats romains ont crucifié Jésus, ils ont pris ses vêtements et les ont divisé en quatre parts, une pour chacun d'eux. Ils n'ont pas partagé la tunique, mais ont tiré au sort pour l'obtenir.

*Les soldats, après avoir crucifié Jésus, prirent Ses vêtements, et en firent quatre parts, une part pour chaque soldat. Ils prirent aussi Sa tunique, qui était sans couture, d'un seul tissus depuis le haut jusqu'en bas. Et ils dirent entre eux : ne la déchirons pas, mais tirons au sort à qui elle sera. Cela arriva afin que s'accomplisse cette parole de l'écriture : ils se sont partagé mes vêtements et ils ont tiré au sort ma tunique. Voila ce que firent les soldats. (Jean 19 :23-24)*

Pourquoi la Parole de Dieu parle-t-elle en détail des vêtements et de la tunique de Jésus? L'histoire d'Israël, depuis 70 AJ est profondément imprégnée par l'implication spirituelle de cet incident.

## Dépouillé et crucifié

Selon Matthieu 27 :22-26, Jésus fut condamné à la crucifixion par Ponce Pilate, à la demande des Israélites qui ne reconnaissaient pas Jésus comme étant le Messie, et cela après qu'Il fut insulté et injurié de différentes manières.

Après avoir porté une couronne d'épines, avoir été insulté et frappé, il a porté la croix jusqu'à Golgotha et y fut crucifié. Pilate a ordonné aux soldats de placer un écriteau contenant l'acte d'accusation au dessus de Sa tête. Il était écrit *«CECI EST JESUS, LE ROI DES JUIFS»* (Matthieu 23 :27).

Le texte était rédigé en hébreux, latin et grec. L'hébreux était la langue officielle des juifs, le peuple de Dieu. Le latin était la langue officielle de l'Empire Romain, la nation la plus puissante en ce temps là, et le grec était la langue qui dominait la culture du monde. Par conséquent, cet écriteau écrit dans ces trois langues symbolise que le monde entier reconnaissait que Jésus était le Roi des juifs et le Roi des rois.

Selon Jean 19 :21-22, après avoir lu cet écriteau, de nombreux juifs protestèrent à Pilate, disant de ne pas écrire «le Roi des Juifs», mais plutôt «cet homme prétendait être roi des juifs». Cependant, Pilate leur répondit «ce que j'ai écrit, reste écrit» et il ne l'a pas changé. Cela signifie, que même Pilate a reconnu Jésus comme étant le roi des juifs.

Comme Pilate a reconnu Jésus en tant que roi des juifs, Il est en fait le seul Fils de Dieu, le Roi des rois et le Seigneur des seigneurs. Malgré cela, devant de nombreuses personnes qui le regardaient, Jésus a été dépouillé de Ses vêtements et de Sa tunique et crucifié à la croix. Il endura ainsi une honte à briser le cœur.

Nous vivons dans ce monde mauvais, oubliant le devoir de

l'homme. Pour nous racheter de toute honte, des impuretés, de la méchanceté, de l'immoralité et de l'iniquité, Jésus, le Roi des rois fut dépouillé de Ses vêtements et de Sa tunique et souffrit la honte tandis qu'un grand nombre de personnes le regardait. Si vous comprenez la signification spirituelle de ceci, vous ne pouvez rien y changer, mais seulement être reconnaissants.

## Divisant les vêtements de Jésus en quatre parts

Les soldats ont dépouillé Jésus et l'ont crucifié. Ils ont pris Ses vêtements et ils les ont partagé en quatre parts, mais ils tirèrent Sa tunique au sort.

Le bon sens nous dit que Ses vêtements ne pouvaient pas être beaux, ni de grande valeur. Alors, pourquoi les soldats ont-ils partagé Ses vêtements en quatre parts?

Savaient-ils, par une sagesse visionnaire, que Jésus serait honoré en tant que Messie, et souhaitaient-ils posséder au moins une partie de Ses vêtement pour les transmettre à leurs descendants comme un souvenir précieux? Non, ce n'était pas le cas.

Le Psaume 22 :19 prophétise : *«ils se sont partagé mes vêtements»*. Dieu a permis aux soldats romains de prendre Ses vêtements, uniquement pour accomplir ce verset (Jean 19 :24).

Alors quelles implications spirituelles renferment les vêtements de Jésus? Pourquoi ont-ils partagé Ses vêtements en quatre parts, une pour chacun d'eux? Pourquoi n'ont-ils pas partagé Sa tunique? Pourquoi Dieu a-t-Il permis que cette histoire soit prophétisée d'avance?

Etant donné que Jésus est le Roi des juifs, les vêtements de Jésus font référence à la nation d'Israël ou au peuple juif. Comme les soldats romains ont partagé les vêtements en quatre parts, les vêtements ont perdu leur forme. Cela signifie qu'Israël en tant que nation sera détruite. Cela signifie aussi que le nom d'Israël demeurerait parce que les parts sont restées. En fin de compte, ce qui a été écrit à propos de Ses vêtements prophétisait que le peuple juif serait dispersé dans toutes les directions à cause de la destruction de leur nation. L'histoire d'Israël confirme que cette prophétie a été accomplie.

Dans les 40 années qui ont suivi la mort de Jésus-Christ à la croix, un général romain appelé Titus détruisit Jérusalem. Le temple de Dieu fut détruit complètement sans qu'il reste pierre sur pierre. Etant donné que la nation d'Israël avait cessé d'exister, les juifs ont été dispersés partout, persécutés et même exterminés. Ceci explique pourquoi les juifs vivent partout sur la terre même encore de nos jours.

Matthieu 27 :23 décrit une scène horrible dans laquelle Pilate dit à la foule méchante que Jésus était innocent, mais ils crièrent encore plus fort de le crucifier. Alors, Pilate pris de l'eau et se lava les mains pour montrer qu'il n'était pas responsable de la mort de ce Jésus innocent et dit «je suis innocent du sang de cet homme, vous en êtes responsables», alors la foule répondit «que Son sang retombe sur nous et sur nos enfants».

Un élément remarquable est que l'histoire d'Israël montre

clairement que le sang de beaucoup de juifs et de leurs descendants a été versé afin d'accomplir leur demande à Ponce Pilate. Dans les quatre décades de la mort de Jésus, près de 1.1 million de juifs furent exterminés. De plus pendant la seconde guerre mondiale, l'Allemagne Nazie a tué près de six millions de juifs. Le film «la liste de Schindler» montre des scènes horribles où des juifs sans distinction de sexe, hommes et femmes, ni d'âge, jeunes et vieux furent tués sans porter un seul vêtement. On permet même à un criminel de porter des vêtements propres avant son exécution, mais les juifs furent dépouillés jusqu'à la nudité avant d'être massacrés.

Le peuple juif n'avait pas reconnu Jésus le Messie, et l'avaient dépouillé jusqu'à la nudité pour le crucifier. Comme ils ont crié «que Son sang retombe sur nous et nos enfants», une détresse abominable est tombée sur le peuple juif au travers des âges.

## La tunique sans couture de Jésus, taillée d'une seule pièce

Jean 19 :23 décrit la tunique de Jésus : *«cette tunique était sans couture, d'un seul tissus du haut jusqu'en bas»*. Ici, dans ce verset «sans couture» signifie que la tunique n'était pas composée de divers morceaux de tissus cousus ensemble. Beaucoup de gens ne prêtent pas attention à la manière dont leurs vêtements sont cousus, ou s'ils sont tissés du haut vers le bas ou de bas en haut. Alors pourquoi la Bible décrit-elle la tunique de Jésus avec tant de détails?

La Bible nous dit que l'ancêtre de tout être humain est Adam, que le père de la foi est Abraham, et le père d'Israël est Jacob parce que les douze tribus d'Israël sont issues des douze fils de Jacob. Le fondateur de la nation d'Israël est Jacob, bien qu'Abraham soit appelé père de la foi.

Dieu a aussi béni Jacob dans Genèse 35 :10-11, en disant : *Ton nom est Jacob, tu ne seras plus appelé Jacob, mais ton nom sera Israël. Et Il lui donna le nom d'Israël. Dieu lui dit : je suis le Dieu Tout Puissant. Sois fécond et multiplie ; une nation et une multitude de nations naîtront de toi, et des rois sortiront de tes reins.*

Selon la Parole de Dieu mentionnée dans ces versets, les douze fils de Jacob constituent la colonne vertébrale d'Israël, et Israël était un pays uni jusqu'au jour où il fut divisé à l'époque du roi Roboam entre Israël au nord et Juda au sud.

Plus tard, Israël au nord fut mélangé avec les Gentils, mais Juda demeura unie. Aujourd'hui, le peuple de Juda est appelé Juif. Le fait que la tunique de Jésus était sans couture, faite du bas vers le haut d'une seule pièce, signifie que la nation d'Israël a conservé son unité en tant que descendants de Jacob, jusqu'à nos jours.

## Tirer au sort la tunique de Jésus sans la partager

Ici, la tunique signifie le cœur des gens. Etant donné que Jésus est le Roi des juifs, Sa tunique représente le cœur du peuple juif.

Les israélites, en tant que peuple de Dieu choisi au travers de leur père de la foi Abraham, ont adoré le vrai Dieu par-dessus toutes choses. Le fait qu'ils n'ont pas partagé la tunique signifie que l'esprit du peuple juif d'Israël qui adore Dieu a été préservé, sans être divisé, et ce malgré que la nation ou le gouvernement d'Israël aient été détruits.

En fait, la Bible a prophétisé que les Gentils ne pourraient pas exterminer l'esprit des israélites qui est profondément gravé dans leurs cœurs. En d'autres mots, leur cœur porté vers Dieu a été fermement maintenu, même si la nation d'Israël a été détruite par les Gentils. Parce qu'ils possèdent un tel cœur inébranlable, Dieu a choisi les israélites comme Son peuple et Il les a utilisé pour établir Son royaume et Sa justice.

Même de nos jours, les israélites tentent d'obéir à la loi avec un cœur inchangé. C'est parce qu'ils sont les descendants de Jacob qui lui-même avait un cœur inébranlable. Les israélites ont surpris le monde entier, lorsqu'ils ont acquis leur indépendance le 14 mai 1948, longtemps après qu'ils aient perdu leur pays. Depuis lors, ils ont évolué rapidement en une nation parmi les plus évoluées et de grande influence, et ils ont à nouveau démontré leur esprit national et leur excellence.

Tout comme les soldats romains n'ont pas pu partager la tunique de Jésus qui était sans couture, tissé d'une seule pièce du haut vers le bas, les Gentils ne peuvent pas détruire l'esprit des israélites adorant Dieu. Après tout, les israélites, en tant que descendants de Jacob, ont établi un pays indépendant et accompli la volonté de Dieu pour Son peuple élu.

## Israël à la fin des temps prophétisé dans la Bible

Tout comme Dieu avait prédit l'histoire d'Israël au travers des vêtements et de la tunique de Jésus, Il nous a aussi donné une vision pour les deniers jours du monde :

Ezéchiel 38 :8-9 dit

> *Après bien des jours, tu seras à leur tête ; dans la suite des années, tu marcheras contre le pays, dont les habitants échappés à l'épée auront été rassemblés d'entre plusieurs peuples, sur les montagnes d'Israël longtemps désertes ; retirés du milieu des peuples, ils seront tous en sécurité dans leurs demeures. Tu monteras, tu t'avanceras comme une tempête, tu seras comme une nuée qui va couvrir le pays, toi et toutes tes troupes, et les nombreux peuples avec toi.*

«Après bien des jours» dans ce verset représente le temps entre la naissance de Jésus et Sa seconde venue, et «dans la suite des années», se réfère aux dernières années précédant la seconde venue de Jésus. Les «montagnes d'Israël» se réfère à Jérusalem, qui est construite sur les hauteurs à environ 760 mètres au dessus du niveau de la mer, et la parole que dans le futur beaucoup de gens se rassembleront de divers pays prédit que les israélites reviendraient vers leur pays de toutes les parties du monde où ils sont dispersés, tandis que le retour de Jésus se rapproche.

Cette prédiction s'est réalisée lorsque Israël fut détruite par l'empire Romain en l'an 70 AD, et regagné son indépendance en

1948. Israël est demeurée dans la désolation jusqu'à ce qu'elle redevienne indépendante, mais elle a grandi jusqu'à devenir un des pays les plus évolués au monde.

Le nouveau Testament prophétise aussi l'indépendance d'Israël. Jésus dans Matthieu 24 :32-34 nous dit la chose suivante :

> *Inspirez vous par une comparaison tirée du figuier.*
> *Dès que ses branches deviennent tendres et que ses*
> *feuilles poussent, vous connaissez que l'été est proche.*
> *De même, lorsque vous verrez toutes ces choses, sachez*
> *que le Fils de l'homme est proche, à la porte. Je vous*
> *dis en vérité, cette génération ne passera point que tout*
> *cela n'arrive.*

Ceci était la réponse de Jésus à Ses disciples qui lui avaient demandé des signes de sa seconde venue et de la fin des temps.

Le figuier dans ces versets, se réfère à Israël. Quand les feuilles des arbres tombent, et que le vent souffle, vous savez que l'hiver est proche. De même lorsque vous voyez que les feuilles du figuier deviennent tendres, et que ses feuilles poussent, vous savez que l'été approche. Au moyen de cette parabole, Jésus explique qu'après qu'Israël sera restaurée, suite à une longue période de destruction, c'est-à-dire lorsqu'Israël aura conquis son indépendance, le retour de Jésus sera très proche.

Vous ne connaissez pas la longueur de «cette génération» dont Jésus parle dans ce verset, mais vous savez que ce qu'Il a dit s'accomplira sûrement. Vous avez déjà expérimenté l'indépendance d'Israël, ainsi, il est très facile de vous rendre compte que le retour de Jésus est très proche.

## Les signes de la fin des temps

Dans Matthieu 24, quand ses disciples demandèrent des signes de la fin des temps, Jésus leur expliqua en détail. Cependant, Il ne leur dit pas le jour ni l'heure exacts, disant *«personne ne connaît le jour ni l'heure, pas même les anges dans le ciel, ni le Fils, mais seulement le Père»* (24 :36).

Ceci signifie seulement que Lui, en tant que Fils de l'homme qui vint dans la chair dans ce monde ne connaissait ni l'heure, ni le jour exacts. Ceci ne veut pas dire que Jésus en tant que l'un des trois membres de la Sainte Trinité, ne le savait pas après Sa crucifixion, résurrection et ascension au ciel.

En disant tant de choses concernant les signes de la fin des temps, Jésus vous a prévenu *«à cause de l'accroissement de la méchanceté, l'amour de beaucoup faiblira, mais celui qui persévérera jusqu'à la fin sera sauvé»* (Matthieu 24 :12-13).

Aujourd'hui, vous pouvez ressentir aisément que cette méchanceté augmente et que l'amour faiblit. Il devient très difficile de trouver de la générosité. Jésus a dit «cet évangile du royaume sera prêché au monde entier en témoignage à toutes les nations, et alors, ce sera la fin». L'évangile a déjà été prêché jusqu'aux extrémités de la terre.

De plus, nous vivons dans un «grand village» dans lequel chaque recoin du globe est accessible soit par les transports, soit par la communication. Ce phénomène avait aussi été prédit par Daniel 12 :4 : *«toi Daniel, tiens secrètes ces paroles et scelle le livre jusqu'aux temps de la fin. Plusieurs alors le liront, et la connaissance augmentera».* L'évangile a été prêché rapidement partout dans le monde dans cet environnement.

Il est vrai que même si l'évangile a été prêché au monde entier, il y a des gens qui n'acceptent pas Jésus parce qu'ils n'ouvrent pas leurs cœurs. Ou, il peut exister des endroits très reculés où la semence de l'évangile n'a pas encore pénétré.

Les prophéties de l'Ancien Testament ont toutes été accomplies et la plupart des prophéties du Nouveau Testament ont pratiquement été accomplies également. Toute l'Ecriture est inspirée par le Saint-Esprit. La parole de Dieu est donc correcte et ne contient aucune erreur. La plus petite lettre ou point ne sera pas changée dans cette parole. Dieu a accompli Sa parole et ses promesses et seulement quelques points demeurent inaccomplis, tels la seconde venue du Seigneur Jésus-Christ, les sept années de la grande tribulation, le Nouveau Millénaire et le grand Jugement du Trône Blanc.

## Cloué mains et pieds

La crucifixion était une des méthodes les plus cruelles d'exécution pour les meurtriers et les traîtres. Les bras étaient étirés sur une croix de bois. La personne était clouée dans chaque main et pied. Il était pendu à la croix pendant un temps très long jusqu'à ce qu'il meure. Il devait donc endurer de cruelles souffrances jusqu'à son dernier souffle.

Jésus, le Fils de Dieu n'a fait que des œuvres bonnes et n'a commis aucun péché ni fraude dans ce monde. Alors pourquoi Jésus a-t-Il été cloué mains et pieds en versant Son sang à la croix?

## La douleur d'être cloué mains et pieds

Jésus a été condamné à mort à la croix et il arriva à l'endroit de l'exécution, Golgotha. Un soldat romain, tenant un grand clou de métal à la main et dans l'autre un marteau commença à clouer Ses mains et Ses pieds sur les ordres d'un centurion, puis ils érigèrent la croix. Pouvez-vous imaginer combien grande devait être la douleur?

Ce Jésus innocent a dû subir l'atroce douleur lorsque les longs clous ont été enfoncés dans son corps, et lorsque cette croix fut érigée et qu'Il dut subir le poids de Son propre corps tordant les parties clouées.

Lorsqu'on est décapité, la douleur est terminée en un instant. Cependant, mourir à la croix est beaucoup plus douloureux, parce qu'on est pendu, le sang coule et on souffre de déshydratation et d'épuisement jusqu'au moment de la mort.

De plus, un jour ensoleillé dans le désert, toutes sortes d'insectes et de vermines volaient autour de Son corps torturé pour sucer le sang qui coulait de Ses blessures à l'endroit où ses mains et pieds étaient cloués. De plus, des gens méchants le pointaient du doigt, crachaient sur Lui, se moquaient de Lui, Le maudissaient et Lui lançaient des insultes. Certains même Le méprisaient en disant «*sauve- toi toi-même! Descends de ta croix si Tu es le Fils de Dieu!*» (Matthieu 27 :39-43).

Une douleur insurmontable a frappé Jésus pendant sa crucifixion. Cependant, Jésus savait parfaitement que le fait de porter les péchés et les malédictions des hommes sur la croix, leur ouvrait le chemin de la rédemption des péchés et en faisait des enfants de Dieu. Sa véritable douleur avait une autre raison. Il y avait encore certaines personnes qui ne connaissaient pas cette providence de Dieu ou qui ne recevraient pas le salut à cause de leur méchanceté. Ce fait augmentait encore Sa douleur.

## Les péchés commis avec les mains et les pieds

Dès qu'une pensée pécheresse est conçue dans le cœur, le cœur pousse les mains et les pieds à accomplir le péché. Comme il y a une loi spirituelle qui dit que le salaire du péché c'est la mort, lorsque vous commettez des péchés, vous devez tomber en enfer et y souffrir éternellement.

C'est pourquoi Jésus a dit *«et si ton pied est pour toi une occasion de chute, coupe-le, car il vaut mieux pour toi entrer boiteux dans la vie que d'avoir les deux pieds et d'être jeté dans la géhenne, et si ton œil est pour toi une occasion de chute, arrache-le, car mieux vaut entrer borgne dans la vie, que d'avoir deux yeux et d'être jeté dans la géhenne».* (Marc 9 :45-47)

Combien de fois avez-vous commis un péché avec vos mains et vos pieds depuis votre naissance? Certains frappent les autres par colère. Certains volent et d'autres encore perdent leur fortune au jeu. Des gens deviennent violents avec leurs pieds et ils vont là où ils ne doivent pas aller. C'est pourquoi, si ton pied te pousse au péché, il vaut mieux le couper et entrer dans le ciel que de le garder et aller en enfer.

De même, combien de péchés avez-vous commis avec vos yeux ? Convoitise et adultère vous consument, lorsque vous voyez quelque chose que vous ne devriez pas voir avec vos yeux. C'est pourquoi Jésus a dit que si ton œil te pousse à pécher, il vaut mieux l'arracher et entrer dans le ciel plutôt que d'entrer en enfer après avoir péché à cause de lui.

Au temps de l'Ancien Testament, si quelqu'un commettait un péché avec son œil, l'oeil était enlevé et si quelqu'un commettait un péché avec son pied ou sa main, sa main était coupée. S'il commettait un meurtre ou un adultère, il était lapidé à mort. (Deutéronome 19 :19-21).

Sans les souffrances de Jésus à la croix, les enfants de Dieu aujourd'hui continueraient à couper mains et pieds lorsqu'ils commettent des péchés avec leurs mains ou leurs pieds. Cependant, Jésus a accepté la croix, fut cloué par les mains et les pieds et a versé Son sang. En faisant ceci, Il a lavé les péchés commis avec vos mains et vos pieds et vous ne devez plus souffrir ou payer un prix pour vos propres péchés. Combien grand est Son amour ?

Vous devez garder en mémoire qu'Il vous purifie de tous vos péchés si vous marchez dans la lumière comme Lui-même est dans la lumière, si vous confessez vos fautes et que vous vous tournez vers Lui (1 Jean 1 :7).

Pour cela, il est tellement important que vous remplissiez votre cœur avec la vérité, de manière à mener une vie victorieuse avec un cœur reconnaissant et fidèle qui est en permanence tourné vers Dieu.

## Les jambes de Jésus non brisées, mais Son côté percé

Jésus est mort un vendredi, le jour précédent le Sabbat. En ces temps là, le samedi était observé comme jour de Sabbat, et les juifs ne voulaient pas que les corps restent sur la croix pendant le Sabbat.

Donc, comme vous pouvez le lire dans Jean 19 :31, les juifs demandèrent à Ponce Pilate que les jambes soient brisées et les corps enlevés.

Avec la permission de Ponce Pilate, les soldats brisèrent les jambes des voleurs qui avaient été crucifiés de part et d'autre de Jésus, mais ils ne brisèrent pas les jambes de Jésus parce qu'Il était déjà mort. En ces temps-là, ceux qui étaient crucifiés portaient des malédictions et c'est pourquoi les soldats leur brisaient les jambes. C'est pourquoi il y avait une divine providence pour qu'ils ne brisent pas les jambes de Jésus.

### Pourquoi les jambes de Jésus ne furent pas brisées?

Jésus qui n'avait pas de péché, a été maudit et pendu à la croix pour racheter les êtres humains de la malédiction de la loi. L'ennemi Satan n'a pas réussi à briser les jambes de Jésus, non pas parce qu'Il était mort, mais à cause de la providence divine.

De plus, Dieu a protégé Jésus d'avoir les jambes brisées pour accomplir la parole du Psaume 34 :21 qui dit *«aucun de ses os ne sera brisé»*.

Dans Nombres 9 :12, Dieu dit aux israélites de ne briser aucun os du jeune agneau quand ils le mangeront. Il dit aussi dans Exode 12 :46 que les israélites pouvaient manger la viande de l'agneau, mais qu'ils ne brisent pas ses os.

Le «jeune agneau» se réfère à Jésus qui était sans tâche et sans blâme, mais qui s'est sacrifié Lui-même, par Son grand amour pour nous, en tant que sacrifice de bonne odeur pour les êtres humains et leurs péchés. En accord avec la parole «ne brisez aucun os de l'agneau», aucun des os de Jésus ne fut brisé.

## Son côté percé par un javelot

Jean 19 :33-34 nous décrit une autre scène horrible :

*S'étant approchés de Jésus, et le voyant déjà mort, ils ne lui rompirent pas les jambes ; mais un des soldats lui perça le côté avec une lance, et aussitôt, il en sortit du sang et de l'eau.*

Bien que le soldat savait que Jésus était déjà mort, pourquoi a-t-il percé le côté de Jésus avec une lance, apportant un flot de sang et d'eau? Ceci illustre la méchanceté des hommes.

Malgré qu'Il est Dieu, Jésus ne s'est pas accroché, et n'a pas réclamé Ses droits en tant que Dieu. Au contraire, Il s'est diminué lui-même ; Il a pris l'humble apparence d'un esclave et apparut sous la forme d'un être humain. Il s'est humilié par obéissance encore plus en mourant de la mort d'un criminel sur une croix. De cette manière, Jésus nous a ouvert la porte du salut (Philippiens 2 :6-8).

Pendant Sa vie dans ce monde, Jésus a donné la liberté aux prisonniers, la richesse aux pauvres, guéri les malades et les faibles. Il n'avait pas assez de temps pour manger ou dormir, étant donné qu'Il faisait de Son mieux pour proclamer la parole de Dieu, pour sauver de nombreuses âmes, autant qu'Il le pouvait. Il partit même prier sur une colline pendant que Ses disciples se reposaient.

Beaucoup de juifs le persécutaient avec dédain, alors qu'Il ne faisait que le bien. Ils l'ont finalement, par méchanceté, crucifié sur une croix. De plus, malgré qu'il Le savait déjà mort, un soldat Romain Lui a percé le côté avec une lance. Ceci nous confirme que ces gens commettaient méchanceté sur méchanceté.

Dieu vous a montré son amour merveilleux en envoyant Son Fils unique Jésus-Christ, et en le laissant crucifier sur une croix pour racheter tous vos péchés, et cela malgré la méchanceté des êtres humains.

### Versant l'eau et le sang par son côté.

Comme nous l'avons déjà mentionné, un soldat Romain, dans sa méchanceté, perça le côté de Jésus avec une lance, et cela en sachant qu'Il était déjà mort. Lorsque le soldat perça Son côté, de l'eau et du sang coula du corps de Jésus. Il y a trois significations à cet épisode.

Premièrement, cela vous montre que Jésus est venu en chair en tant que Fils de l'homme. Jean 1 :14 dit «*La parole a été faite chair, et elle a demeuré parmi nous*». Dieu a visité ce monde dans la chair, et c'était Jésus.

Les pécheurs ne peuvent voir Dieu parce qu'ils vont périr en Le voyant. De ce fait, Dieu ne peut pas leur apparaître directement, et c'est pourquoi, Jésus est venu en chair dans ce monde, et Il nous a donné beaucoup de preuves afin que nous croyions en Dieu.

La Bible vous dit que Jésus était un homme tout comme vous. Marc 3 :20 dit : «*alors Jésus entra dans une maison et une foule se réunit à nouveau, en sorte qu'ils ne pouvaient pas même prendre leur repas*». Matthieu 8 :24 dit «*Et voici, il s'éleva sur la mer une si grande tempête que la barque était couverte par les flots, et Lui, Il dormait*».

Certaines personnes pourraient se demander pourquoi Jésus, le Fils de Dieu, pouvait avoir faim ou mal. Cependant, comme Jésus était dans la chair, composée d'os et de muscles, il devait dormir et manger. Il a aussi souffert de la douleur, de la même manière que nous.

Le fait que de l'eau et du sang ont coulé de Sa blessure quand on lui perça le côté avec une lance, vous donne une preuve suffisante de ce que Jésus est venu dans ce monde en chair, malgré qu'Il était le Fils de Dieu.

Deuxièmement, c'est une autre preuve que vous pouvez participer à la nature divine même si vous avez la chair. Dieu veut que Ses enfants soient saints et parfaits tel qu'Il l'est Lui-même. C'est pourquoi Il dit «*soyez saints parce que Je suis saint*» (1

Pierre 1 :16) et «*soyez donc parfaits comme votre Père céleste est parfait*» (Matthieu 5 :48). Il vous encourage également en disant «*lesquelles nous assurent de Sa part, les plus grandes et les plus précieuses promesses, afin que par elles, vous deveniez participants à la nature divine, en fuyant la corruption qui existe dans le monde par la convoitise*» (2 Pierre 1 :4), et «*Ayez en vous les sentiments qui étaient en Jésus-Christ*» (Philippiens 2 :5).

Jésus est venu en chair dans ce monde, est devenu un serviteur selon la volonté de Dieu et a accompli l'entièreté de Sa mission. Il a aussi accompli toute la loi par amour en étant victorieux de toutes les épreuves et tribulations et en vivant en conformité avec la Parole de Dieu.

Malgré qu'Il était homme tout comme vous, Il a accepté volontairement de souffrir, a suivi la volonté de Dieu avec persévérance et maîtrise de soi, et s'est sacrifié Lui-même en mourant par amour sur une croix, sans résistance ni plaintes.

Comment pouvons-nous donc participer à la nature divine avec le cœur de Jésus-Christ ?

Vous devez crucifier votre nature pécheresse, faite de passion et de désirs, acquérir de l'amour spirituel et prier honnêtement pour participer à la nature divine en ayant la même attitude que Jésus-Christ.

D'une part, l'amour charnel est égoïste, et cet amour se refroidit avec le temps. Les gens qui ont ce genre d'amour se trahissent et se font du mal l'un à l'autre lorsqu'ils ne sont pas d'accord.

D'autre part, Dieu vous demande d'avoir un amour qui est

patient, plein de bonté, qui ne se vante pas. C'est donc l'amour spirituel qui ne change pas et qui s'épanouit jour après jour. Vous pouvez acquérir l'attitude de Jésus dans la mesure où vous avez l'amour spirituel, et que vous rejetez toute espèce de méchanceté par de prières sincères.

De la même manière, chacun peut recevoir la grâce et la puissance de Dieu s'il recherche Son aide dans de jeûnes et prières sincères. Dieu agira aussi pour lui pour l'aider à se débarrasser de toute espèce de mal. Vous brillerez comme le soleil dans le royaume céleste si vous possédez l'amour spirituel, produisez les neuf fruits de l'Esprit (Galates 5), et recevez les Béatitudes (Matthieu 5).

Troisièmement, le sang et l'eau versés par Jésus sont suffisamment puissants pour vous mener à une vie véritable et éternelle.

Le sang et l'eau de Jésus étaient immaculés et sans blâme, étant donné qu'Il n'avait pas le péché originel et qu'Il n'a jamais commis de péché. Spirituellement, c'était cette eau et ce sang qui pouvaient être ressuscités. Parce qu'Il a versé Son sang saint, vos péchés sont purifiés et vous pouvez posséder la vraie vie qui mène au salut, à la résurrection et à la vie éternelle.

L'eau qui a coulé du corps de Jésus symbolise l'eau éternelle, la Parole de Dieu. Vous pouvez être remplis de la vérité et être un véritable enfant de Dieu dans la mesure où vous comprenez Sa Parole et que vous rejetez vos péchés conformément à cette Parole.

Jésus, sans tâche, ni blâme, a donné toutes choses pour vous donner une vie véritable, au point de verser le sang et l'eau, malgré que vous ne valiez pas plus que des animaux.

J'espère que vous comprenez que vous êtes sauvés, sans avoir payé aucun prix, et que vous rejetez vos péchés en priant sincèrement dans la foi, afin que vous puissiez mener une vie fructueuse en Jésus-Christ.

Chapitre 7

# LES SEPT DERNIÈRES PAROLES DE JÉSUS À LA CROIX

- Père, pardonne-leur
- Aujourd'hui tu seras avec Moi dans le Paradis
- Femme, voilà ton fils : Voilà ta mère
- *Eloï, Eloï, Lama Sabachthani?*
- J'ai soif !
- Tout est accompli
- Père entre Tes mains, Je remets Mon Esprit

*Jésus dit «Père pardonne-leur, car ils ne savent ce qu'ils font». ...*

*... Jésus lui répondit, «Je te le dis en vérité, aujourd'hui tu seras avec Moi dans le paradis.» Il était environ la sixième heure, et il y eut des ténèbres sur toute la terre, jusqu'à la neuvième heure. Le ciel s'obscurcit, et le voile du temple se déchira par le milieu. Jésus s'écria d'une voix forte «Père, je remets Mon esprit entre Tes mains». Quand Il eut dit ceci, Il expira.*

Luc 23 :34-46

Beaucoup de gens se souviennent de leur vie lorsque la mort approche. Ils laissent des dernières paroles aux membres de leur famille et à leurs amis.

De la même manière, Jésus devint chair, Il vint dans ce monde par la providence divine, et Il proclama ces sept paroles à la croix, tandis qu'Il rendait son dernier soupir. Elles sont appelées «Les sept dernières paroles de Jésus à la croix.»

Examinons ensemble, la signification spirituelle des sept dernières paroles de Jésus à la croix.

## Père, pardonne-leur

L'auteur de Philippiens décrit Jésus de la manière suivante. Jésus :

> *Existant en forme de Dieu, Il n'a point regardé à son égalité avec Dieu comme une proie à arracher, mais Il s'est dépouillé lui-même, en prenant une forme de serviteur, en devenant semblable aux hommes ; et Il a paru comme un vrai homme, Il s'est humilié lui-même,*

*se rendant obéissant jusqu'à la mort, même jusqu'à la mort de la croix! (2 :6-8)*

Jésus a été crucifié à la croix pour démontrer Son amour et Son obéissance à Dieu, afin qu'Il puisse ouvrir le chemin du salut pour les pêcheurs. Les gens qui se tenaient près de la croix se moquaient de Jésus avec les dirigeants, «Il a sauvé les autres, qu'Il se sauve lui-même s'il est le Christ, le Fils de Dieu, l'élu!»

Les soldats aussi se moquaient de Lui, en lui offrant du vin et du vinaigre, et ils disaient «si tu es le Roi des Juifs, sauve-toi toi-même!» Un des deux criminels qui était crucifié avec lui l'injuriait aussi en disant «Si Tu es le Messie, sauve-toi toi-même, et sauve-nous!»

*Lorsqu'ils furent arrivés au lieu appelé Crâne, ils le crucifièrent là, ainsi que les deux malfaiteurs, l'un à droite, et l'autre à gauche. Jésus dit : «Père pardonne-leur, car ils ne savent ce qu'ils font». (Luc 23 :33-34)*

Jésus pria au Père, en demandant leur pardon, «Père, pardonne-leur, car ils ne savent ce qu'ils font,» et Il expira. Jésus a intercédé auprès du Père pour qu'Il pardonne et fasse miséricorde à des gens qui ne savaient pas que Jésus, le Fils de Dieu, était crucifié pour le pardon de leurs péchés. Peut être ne se sont-ils même pas rendu compte que leurs actions étaient un péché. Ceci est Sa première parole à la croix.

## Jésus prie par amour, pour des gens qui le crucifiaient

Jésus, le Fils de Dieu a prié pour ceux qui l'ont crucifié, alors qu'Il n'avait jamais péché, ni commis de faute. Combien grand est son amour! Jésus aurait très bien pu descendre de la croix afin d'éviter sa crucifixion, puisqu'Il était un avec le Dieu tout puissant, et qu'Il avait reçu la puissance de Dieu le Père. Cependant, Il fut crucifié pour accomplir le plan du salut, selon la volonté de Dieu. A cause de cela, Il pouvait supporter toutes les souffrances, et la honte, prier pour eux d'un amour désespéré et demander leur pardon.

Jésus pria avec instance, «Père pardonne-leur, car ils ne savent ce qu'ils font.» Ici, le «ils» ne représente pas uniquement ceux qui l'ont crucifié et se sont moqués de lui, mais cela inclut aussi tous les êtres humains qui ne reçoivent pas Jésus-Christ et continuent à vivre dans les ténèbres. De même que ceux qui ont crucifié Jésus, le Fils de Dieu, beaucoup de gens pèchent parce qu'ils ne connaissent ni Jésus-Christ ni la vérité.

Votre ennemi le diable appartient aux ténèbres et hait la lumière, c'est pourquoi il a crucifié Jésus, la lumière véritable. Aujourd'hui, le diable contrôle les gens qui appartiennent aux ténèbres, et les pousse à persécuter ceux qui marchent dans la lumière.

Comment pouvons-nous réagir à des persécuteurs qui ne

connaissent pas la vérité ?

Jésus nous enseigne quelle est la volonté de Dieu, et quelle devrait être l'attitude d'un chrétien, au travers de la première parole de la croix. Dans Matthieu 5 :44, il est dit «*Mais moi, je vous dis : Aimez vos ennemis, et priez pour ceux qui vous persécutent*». *Donc, nous devons être capables de prier pour tous ceux qui nous persécutent, en disant «Père, pardonne leur, car ils ne savent ce qu'ils font. Bénis-les, afin, qu'à leur tour, ils puissent recevoir le Seigneur, et que nous puissions tous nous retrouver dans le ciel.»*

## Aujourd'hui tu seras avec Moi dans le Paradis

Deux criminels ont aussi été crucifiés en même temps que Jésus à la croix, au sommet de la colline de Golgotha «*le lieu appelé crâne*» (Luc 23 : 33).

L'un des criminels lui proférait des insultes, mais le deuxième reprenait le premier criminel, se repentait et acceptait Jésus comme son Sauveur personnel. Alors Jésus lui fit la promesse qu'il serait avec Lui dans le paradis. Ceci est la seconde parole de Jésus à la croix.

*L'un des malfaiteurs crucifiés l'injuriait, disant : n'es tu pas le Christ ? Sauve-toi toi-même, et sauve- nous !*

*Mais l'autre le reprenait et disait : Ne crains tu pas Dieu, toi qui subit la même condamnation? Pour nous c'est justice, car nous recevons ce qu'ont mérité nos crimes ; mais celui-ci n'a rien fait de mal. Et il dit à Jésus : Seigneur, souviens-toi de moi quand tu seras entré dans ton règne. Jésus lui répondit : Je te le dis en vérité, aujourd'hui tu seras avec Moi dans le paradis (Luc 23 :39-43).*

Jésus a proclamé qu'Il était le Messie qui pouvait pardonner les pécheurs lorsqu'ils se repentaient, et les sauver par sa seconde parole à la croix.

Lorsque vous lisez les quatre évangiles, les réponses des criminels sont rapportées de différentes manières. Dans Matthieu 27 :44 il est dit *«les brigands crucifiés avec lui l'insultaient de la même manière»* ; dans Marc 15 :32, il est écrit *«Que le Christ, le Roi d'Israël descende maintenant de la croix, afin que nous voyions et que nous croyions! Ceux qui étaient crucifiés avec lui l'insultaient aussi».* De ces deux évangiles, nous remarquons que tous deux lui ont lancé des insultes.

Cependant dans Luc 23, on peut lire que l'un des criminels a réprimé l'autre et s'est repenti de ses péchés, a accepté Jésus et a été sauvé. Ceci ne signifie pas que les évangiles ne sont pas conformes l'un avec l'autre. Au contraire, dans Sa providence, Dieu a permis que les auteurs écrivent de manière différente.

Dans la Bible, la providence divine et les éléments historiques sont condensés. Si tout était écrit dans le détail, mille bibles ne pourraient suffire.

Aujourd'hui, si vous enregistrez quelque chose avec une caméra vidéo, vous pourrez le regarder plus tard, mais au temps de Jésus, il n'existait pas de tels équipements, de sorte qu'ils ne pouvaient même pas prendre une photo, et cela même s'il s'agissait d'événements très importants. Au travers de légères différences, vous pouvez expérimenter et discerner une situation particulière de manière plus réaliste.

## Une meilleure compréhension de la crucifixion de Jésus

Lorsque Jésus a proclamé l'évangile, des multitudes le suivaient. Certains venaient écouter Son message, certains voulaient voir des signes et des miracles du ciel, d'autres voulaient de la nourriture et d'autres encore vendaient leurs biens pour suivre et servir Jésus.

Dans Luc 9, Jésus rendit grâce pour cinq pains et deux poissons. Le nombre de ceux qui mangèrent était de cinq mille hommes (Luc 9 :12-17).

Imaginez combien de gens en plus, y compris ceux qui aimaient et haïssaient Jésus, et d'autres dans la foule, ont du se réunir à l'endroit où Il était crucifié. La foule entourait la croix, c'est pourquoi les soldats les arrêtaient avec des javelots et des boucliers. Imaginez les gens, réunis en cercle autour de la croix et criant à Jésus. La foule l'insultait. Même l'un des deux criminels crucifiés de chaque côté de Jésus l'a insulté.

Qui aurait pu entendre ce que le premier criminel a dit?

Il y avait probablement beaucoup de bruit, et seuls ceux qui étaient assez près de Jésus pouvaient entendre ses paroles. L'autre criminel a dit quelque chose à Jésus avec une mauvaise expression de son visage. Ce criminel, en fait, réprimait le criminel qui avait insulté Jésus. Cependant, ceux qui étaient éloignés de l'autre côté, auraient aisément pu penser que ce criminel repentant était en train de réprimer Jésus au centre.

D'un côté, nous avons cet environnement bruyant où chaque écrivain des évangiles de Matthieu et Marc qui ne pouvait clairement entendre le criminel repentant, pensait qu'il réprimait aussi Jésus. C'est pourquoi ils ont écrit que les deux criminels réprimaient Jésus.

De l'autre côté, l'écrivain de l'évangile de Luc, lui, a entendu clairement, c'est pourquoi il savait que l'un des deux criminels n'insultait pas Jésus, mais au contraire, se repentait. Différents écrivains se trouvaient à des endroits différents et ont écrit différemment.

Dieu qui sait tout, leur a permis d'écrire de manière différente, afin que les générations futures puissent discerner clairement une situation particulière.

## Le Paradis pour le criminel repenti

Jésus a promis au criminel qui se repentait à la croix avant de mourir «Tu seras avec moi au paradis». Ceci a une signification spirituelle.

Le ciel, le royaume de Dieu, est bien au-delà de notre imagination. Même Jésus nous a dit dans Jean 14 :2 *«il y a plusieurs demeures dans la maison de mon Père. Si cela n'était pas, je vous l'aurais dit. Je vais vous préparer une place».* Le psalmiste nous incite à *«louez-le, cieux des cieux, et vous eaux qui êtes au dessus des cieux»* (Psaume 148 :4). Néhémie 9 :6 loue Dieu qui *«a fait les cieux, les cieux des cieux, et toute leur armée».* 2 Corinthiens 12 :2 parle d'un *«homme en Christ qui fut, il y a quatorze ans, ravi jusqu'au troisième ciel».* Dans Apocalypse 21 :2, il est dit que le trône de Dieu siège dans la Nouvelle Jérusalem.

> *De la même manière, il y beaucoup de demeures dans le ciel. Cependant vous n'êtes pas autorisés à vivre dans n'importe quel endroit de votre choix. Le Dieu de justice récompensera chacun de vous selon ce que vous aurez fait dans ce monde, comment vous avez imité votre Seigneur et travaillé pour le Royaume de Dieu, et combien vous avez amassé dans le ciel, etc.... (Matthieu 11 :12, Apocalypse 22 :12)*

Jean 3 :6 dit *«ce qui est né de la chair est chair, et ce qui est né de l'Esprit est esprit».* Dans la mesure où nous nous débarrassons des choses charnelles, et devenons des êtres spirituels, les places du ciel seront réparties en groupes de même niveau spirituel.

Bien sûr, chaque place au ciel est merveilleuse, parce que Dieu y siège. Cependant, même au ciel, il y a des différences. Par exemple, de même que le style de vie, les habitudes et les standards de vie et toutes choses semblables sont différents dans les villes et à la campagne. De la même manière, la ville Sainte, la Nouvelle Jérusalem, est l'endroit le plus glorieux dans le ciel, là où est le trône de Dieu et où résident les enfants qui lui ressemblent le plus.

Cependant, le Paradis est l'endroit où vit le criminel qui s'est repenti à la dernière minute avant sa mort à la croix, et il se situe à la périphérie du ciel. De nombreux autres qui auront reçu leur salut dans la honte, vivront là-bas. Ces gens ont reçu Jésus-Christ, mais n'ont pas fait le pas d'un changement spirituel.

Pourquoi le criminel repenti est-il entré au paradis?

Il a confessé qu'il était pécheur avec un cœur ouvert et a reçu Jésus comme son Sauveur cependant, il ne s'est pas débarrassé de ses péchés, n'a pas vécu selon la parole de Dieu ou évangélisé les autres, il n'a pas œuvré pour le Seigneur, il n'a rien fait pour recevoir un prix céleste c'est pourquoi il est entré au paradis, l'endroit le plus bas du ciel

## La descente de Jésus dans le Tombeau Supérieur

Même si Jésus a promis au criminel «aujourd'hui tu seras avec Moi au paradis», cela ne veut pas dire que Jésus vit uniquement au paradis dans le ciel. Jésus, le Roi des rois, et le Seigneur des seigneurs règne et siège avec les enfants de Dieu dans le ciel tout entier, y compris le paradis et la Nouvelle

Jérusalem dans ce sens, il séjourne au paradis et dans d'autres places dans le ciel.

Lorsque Jésus a dit au criminel sauvé «aujourd'hui tu seras avec moi au paradis», «aujourd'hui» ne se réfère pas uniquement au jour précis où il est mort à la croix, ni à aucun autre jour particulier. Jésus a mentionné qu'il serait avec le criminel repentant partout où le criminel serait, dès le moment où il est devenu enfant de Dieu.

Lorsque vous vous référez à la Bible, Jésus n'est pas allé au paradis après sa mort. Dans Matthieu 12 :40, Jésus dit à quelques pharisiens que *«Jonas a passé trois jours et trois nuits dans le ventre d'un grand poisson, de même le Fils de l'homme sera trois jours et trois nuits dans le sein de la terre»*. Ephésiens 4 :9 dit *«que signifie il est monté, sinon qu'Il est aussi descendu dans les régions inférieures de la terre?»*.

De plus, 1 Pierre 3 :19 dit *«...dans lequel aussi, il est allé prêcher aux esprits en prison»*. Jésus est allé dans le Tombeau Supérieur et il a prêché l'évangile aux esprits avant de ressusciter trois jours plus tard. Pourquoi cela fut-il nécessaire?

Avant que Jésus ne vint dans ce monde, beaucoup de gens dans les temps de l'Ancien Testament et même certains dans le Nouveau Testament n'ont pas eu la chance d'entendre l'évangile, mais ils vécurent dans la droiture, acceptant Dieu. Cela veut-il dire que tous sont allés en enfer uniquement parce qu'ils ne savaient pas qui était Jésus?

Dieu a envoyé son Fils unique dans ce monde et quiconque le

reçoit sera sauvé. Dieu ne peut pas avoir créé la race humaine pour sauver uniquement ceux qui reçoivent Jésus-Christ après sa crucifixion. Ceux qui n'ont pas eu la chance d'entendre l'évangile, mais qui ont vécu avec une bonne conscience, seront jugés selon leur conscience.

D'une part, ces gens bons de cœur, se réunissent dans le «Tombeau Supérieur». D'autre part, la «Tombe Inférieure» est le lieu où les âmes méchantes doivent vivre jusqu'au jour du jugement. Après sa crucifixion, Jésus est venu dans le Tombeau Supérieur et a prêché l'évangile aux esprits qui n'ont pas connu l'évangile, mais qui ont vécu avec une conscience pure et qui étaient dignes d'être sauvés.

Il n'y a aucun autre nom sous le ciel qui a été donné aux hommes et par lequel ils puissent être sauvés, que celui de Jésus-Christ. C'est la raison pour laquelle Jésus est allé et a prêché à propos de Lui-même aux esprits, afin qu'ils puissent Le recevoir et être sauvés.

La Bible dit que les esprits sauvés avant la crucifixion de Jésus sont conduits dans le sein d'Abraham (Luc 16 :22) ; mais sont conduits dans le sein de Jésus après sa résurrection.

## Le salut selon le jugement de la conscience

Avant que Jésus ne vienne dans ce monde pour annoncer l'évangile, les gens de bien ont vécu en suivant la justice dans leurs cœurs. C'est la loi de la conscience. Les gens de bien ne commettaient pas le mal, même lorsqu'ils traversaient des temps de trouble et faisaient face à des difficultés, parce qu'ils écoutaient la voix de leur cœur.

Romains 1 :20 dit *«en effet, les perfections invisibles de Dieu, sa puissance éternelle et Sa divinité, se voient comme à l'œil, depuis la création du monde, quand on les considère dans ses ouvrages. Ils sont donc inexcusables».*

En considérant l'univers et comment toutes choses sont en harmonie sur la terre, les gens avec des cœurs bons croient qu'il y a une vie éternelle. C'est pourquoi ils ne vivent pas selon leur nature pécheresse, et ils se contrôlent afin de ne pas se réjouir des plaisirs terrestres, dans la crainte de Dieu.

Romains 2 :14-15 dit *«Quand les païens, qui n'ont point la loi, font naturellement ce que prescrit la loi, ils sont, eux qui n'ont point la loi, une loi pour eux-mêmes; ils montrent que l'oeuvre de la loi est écrite dans leurs coeurs, leur conscience en rendant témoignage, et leurs pensées s'accusant ou se défendant tour à tour».*

Dieu a donné la loi uniquement aux Israélites, mais pas aux gentils. Mais c'est comme si les gentils vivent par la loi, quand ils vivent selon cette loi dans leurs cœurs, leurs consciences étant gagnées, modelées par eux-mêmes. C'est pourquoi, on ne peut pas dire que ceux qui n'ont pas cru en Jésus-Christ ne peuvent être sauvés parce qu'ils n'ont jamais de leur vie entendu l'évangile.

Parmi ceux qui sont morts sans connaître Jésus, il y a eu certaines personnes qui ont pu contrôler leur vie contre les pensées mauvaises à cause de leur cœur pur. Ces personnes seront sauvées selon le jugement de leur conscience par Dieu.

# Femme, voilà ton fils : Voilà ta mère

L'apôtre Jean a écrit ce qu'il a vu et entendu de la croix sur laquelle Jésus était pendu. Il y avait de nombreuses femmes, y compris Marie, la mère de Jésus, Salomé, la sœur de Sa mère, Marie, la femme de Clopas ; et Marie Madeleine. Dans Jean 19 :26-27, Jésus dit à Marie, sa mère accablée et triste, de penser à Jean comme son fils, et dit à Jean de prendre soin d'elle comme étant sa mère.

> *Jésus, voyant sa mère, et auprès de lui le disciple qu'Il aimait, dit à sa mère : Femme, voilà ton fils. Puis il dit au disciple : Voilà ta mère. Et, dès ce moment, le disciple la prit chez lui.*

## Pourquoi Jésus a appelé Marie «Femme» et non «Mère»?

Le mot «mère» n'est pas prononcé par Jésus, mais écrit par l'apôtre Jean dans son point de vue. Alors pourquoi Jésus appelle-t-il sa propre mère qui lui a donné le jour «femme»?

Lorsqu'on se réfère à la bible, Jésus ne l'a pas appelé «mère».

Par exemple, dans Jean 2 :1-11, Jésus a accompli son premier miracle, après avoir commencé Son ministère, en changeant l'eau en vin. Ce miracle s'est produit au cours d'un mariage à Canna en Galilée. Jésus et ses disciples avaient aussi été invités au mariage. Quand le vin fut fini, Marie lui a dit «ils n'ont plus de vin», parce qu'elle savait qu'en qualité de Fils de Dieu, Jésus était capable de changer l'eau en vin. Alors Jésus lui dit «Femme, qu'y a-t-il entre toi et Moi, Mon heure n'est pas encore venue».

Jésus a répondu que le temps pour lui de se montrer comme étant le Messie, n'était pas encore venu, et ce malgré que Marie était désolée de ce qu'il n'y avait plus de vin. Changer l'eau en vin signifie spirituellement que Jésus allait verser son sang à la croix.

Jésus a proclamé à propos de lui-même qu'Il était venu dans ce monde en qualité de Sauveur en accomplissant le plan divin pour le salut de l'humanité à la croix. C'est pourquoi il a appelé Marie «femme» et non «mère».

De même, notre Sauveur Jésus est Dieu dans la Trinité et le Créateur. Dieu le Créateur est «celui QUI SUIS» (Exode 3 :14), et il est le Premier et le Dernier (Apocalypse 1 :17 ; 2 :8). D'où, Jésus n'a pas de mère, et c'est pourquoi Jésus l'a appelé «femme» et non «mère».

Aujourd'hui, beaucoup d'enfants de Dieu se réfèrent à Marie comme étant la «sainte mère» de Jésus, ils lui fabriquent même des statues et l'adorent. Vous devez comprendre que ceci est absolument faux, parce qu'elle n'est pas la mère de notre Sauveur (Exode 20 :4).

## La Citoyenneté Céleste

Jésus a réconforté Marie parce qu'elle était dans une grande détresse à cause de Sa crucifixion et il a dit à son disciple bien-aimé Jean de prendre soin de Marie comme de sa propre mère. Malgré que Jésus souffrait d'une douleur insupportable sur la croix, il s'est soucié profondément de ce qui allait arriver à Marie après Sa mort. Vous pouvez expérimenter son amour ici.

Au travers de la troisième parole de Jésus à la croix, nous pouvons réaliser que par la foi, nous sommes tous frères et sœurs – la famille de Dieu. Considérez Matthieu 12 :48-50, une scène dans laquelle la famille de Jésus vient Lui rendre visite. Quand on dit à Jésus que Sa mère et Ses frères attendent dehors, Il dit à la foule :

*Qui est ma mère, et qui sont mes frères? Puis, étendant la main sur ses disciples, il dit: Voici ma mère et mes frères. Car, quiconque fait la volonté de mon Père qui est dans les cieux, celui-là est mon frère, et ma soeur, et ma mère.*

Tandis que votre foi grandit après avoir reçu Jésus-Christ, votre sentiment de citoyenneté du ciel devient plus évident, et vous aimez vos frères et sœurs en Christ plus que les membres de votre famille biologique. Si les membres de votre famille ne sont pas des enfants de Dieu, votre famille ne pourra pas demeurer longtemps une «famille». Vos relations familiales s'arrêtent avec la mort. S'ils ne croient pas en Jésus-Christ ou ne vivent pas selon la volonté de Dieu, même s'ils affirment croire en Dieu, ils iront en enfer, parce que le salaire du péché c'est la mort (Matthieu 7 :21).

Votre chair visible retourne à la poussière après la mort, mais vous avez un esprit immortel. Si Dieu prend votre esprit, vous serez seulement un cadavre qui va rapidement pourrir. Dieu, le Créateur, a formé le premier homme de la poussière et a soufflé l'esprit de vie dans ses narines, ainsi son esprit devint immortel. C'est Dieu qui donne naissance à votre esprit immortel et qui crée la chair qui retournera à la poussière. A cause de cela, il est votre vrai Père.

Matthieu 23 :9 nous dit *«n'appelez personne sur la terre père, parce que vous n'avez qu'un seul Père, celui qui est dans les cieux».* Cela ne veut pas dire que vous ne devez pas aimer les incroyants dans votre famille. C'est très important que vous les aimiez vraiment, que vous leur prêchiez l'évangile et que vous les ameniez à accepter Jésus-Christ.

## *Eloï, Eloï, Lama Sabachthani?*

Jésus a été crucifié à la croix à la troisième heure, et à partir de la sixième heure, les ténèbres recouvrirent toute la terre jusqu'à la neuvième heure lorsqu'Il expira. Si nous convertissons cela dans notre temps moderne. Il a été crucifié à neuf heures du matin et trois heures plus tard, à midi, les ténèbres couvrirent toute la terre jusqu'à trois heures de l'après-midi.

> *La sixième heure étant venue, il y eut des ténèbres sur toute la terre, jusqu'à la neuvième heure. Et à la neuvième heure, Jésus s'écria d'une voix forte : «Eloï, Eloï, Lama Sabachthani!», ce qui signifie : «Mon Dieu, pourquoi m'as-tu abandonné?» (Marc 15 :33-34).*

Six heures plus tard, à la neuvième heure, Jésus cria d'une voix forte à Dieu «*Eloï, Eloï, Lama Sabachthani?*» C'est la quatrième parole de Jésus à la croix.

Jésus était épuisé, car il avait été pendu à la croix pendant six heures, versant sang et eau, sous le soleil de plomb du désert. Il était littéralement épuisé. Alors, pourquoi a-t-il crié?

Chacune des sept paroles de Jésus à la croix a une signification spirituelle. Si elles n'avaient pas été audibles, elles n'auraient eu aucun sens. Ces sept paroles devaient être écrites clairement dans la Bible, afin que chacun puisse comprendre la volonté de Dieu.

Pour cela, il a crié les sept paroles de la croix de toutes ses forces, afin que ceux qui étaient autour de la croix puissent les entendre et les noter.

Certains disent que Jésus a crié par ressentiment envers Dieu, parce qu'Il a dû venir dans ce monde dans la chair et endurer une forte douleur sans raison. Cependant, ceci est totalement faux.

## Pourquoi Jésus s'est-il écrié «*Eloï, Eloï, Lama Sabachthani?*»

La raison pour laquelle il est venu sur la terre est pour détruire les œuvres du diable, et de nous ouvrir la porte du salut.

Donc, Jésus a obéi à la volonté de Dieu, jusqu'à la mort et Il s'est entièrement sacrifié lui-même. Avant sa crucifixion, il a prié honnêtement et sa sueur était comme des gouttes de sang qui tombaient sur le sol (Luc 22 :42-44). Il a porté son fardeau, en sachant pleinement les souffrances qu'il allait endurer à la croix.

Il a enduré les mauvais traitements et les souffrances à la croix parce qu'il connaissait le plan de Dieu pour l'humanité. Alors, comment Jésus pouvait-il avoir du ressentiment face à sa mort? Ses cris n'étaient pas un signe de grief ou de reproche à Dieu. Jésus avait des raisons de le faire.

*Tout d'abord, Jésus voulait proclamer au monde qu'Il était crucifié pour racheter tous les pécheurs de leurs péchés.*

Il voulait que tous comprennent qu'Il avait laissé Sa gloire au ciel et qu'il était totalement rejeté de Dieu malgré qu'Il soit le Fils unique de Dieu. Il a crié afin de faire savoir à tout le monde qu'il souffrait de douleurs atroces à la croix pour sauver et racheter les pécheurs de leurs péchés. La Bible montre qu'il avait l'habitude le l'appeler «Mon Père», mais à la croix, Jésus l'a appelé «Mon Dieu». Ceci est parce que Jésus a porté la croix à la place des pécheurs et les pécheurs ne peuvent pas appeler Dieu «Père».

A ce moment, Dieu a rejeté Jésus en tant que pécheur, portant tous les péchés de la race humaine, et Jésus ne pouvait pas se permettre d'appeler Dieu «Père». De la même manière, vous appelez Dieu «Abba Père» lorsque vous avez de l'amour réciproque, mais vous l'appelez «Dieu» au lieu de «Père» quand vous êtes séparés de Dieu parce que vous avez péché ou que votre foi est faible.

Dieu veut que tous les hommes deviennent ses vrais enfants qui peuvent l'appeler «Père» en acceptant Jésus-Christ et en marchant dans la lumière.

*Deuxièmement, Jésus voulait prévenir les gens qui ne connaissaient pas la volonté de Dieu et vivaient toujours dans les ténèbres.*

Dieu a envoyé son Fils unique Jésus dans le monde et a permis qu'il soit insulté et crucifié par ses propres créatures. Jésus savait pourquoi Dieu avait rejeté son Fils, mais la foule qui l'a crucifié ne connaissait pas la volonté de Dieu. Il a crié «Mon Dieu, pourquoi m'as-tu abandonné?», afin que les ignorants puissent comprendre l'amour de Dieu et se repentent et qu'ils puissent revenir sur le chemin du salut.

## J'ai soif!

Dans l'Ancien Testament il y a un grand nombre de prophéties au sujet des souffrances de Jésus à la croix. Dans le Psaume 69 :22, il est dit *«ils mettent du fiel dans ma nourriture et pour apaiser ma soif, ils m'abreuvent de vinaigre».* Comme cela a été annoncé dans le Psaume, quand Jésus a dit «j'ai soif», ils ont plongé une éponge dans un vinaigre de vin, mis l'éponge sur un bâton d'hysope et l'ont élevé vers la bouche de Jésus.

*Après cela, Jésus qui savait que tout était consommé dit, afin que l'écriture soit accomplie : j'ai soif. Il y avait là un vase rempli de vinaigre. Les soldats en remplirent une éponge et l'ayant fixée à une branche d'hysope, ils l'approchèrent de sa bouche. (Jean 19 :28-29)*

Longtemps avant que Jésus soit né dans la ville de Bethléem, le psalmiste eut une vision dans laquelle Jésus est crucifié et meurt à la croix et il a écrit cela. Jésus a dit «j'ai soif» et ainsi cette parole était accomplie.

Réfléchissons maintenant à une signification spirituelle de cette cinquième parole de Jésus à la croix «j'ai soif».

## Jésus déclare sa soif spirituelle

Beaucoup de gens peuvent supporter la faim, mais pas la soif. Jésus était totalement épuisé parce qu'il a été pendu à la croix pendant six heures et a versé Son sang sous le soleil de plomb du désert. Le degré de cette soif a été au-delà du supportable.

Ce n'est pas que nous voulons dire que Jésus ne pouvait pas supporter sa soif, quand il a dit «j'ai soif». Il savait qu'il retournerait très bientôt dans la paix de Dieu.

En fait, il avait plus de douleur de la soif spirituelle que de la soif physique. Ceci est le désir fervent de Jésus pour les enfants de Dieu : «j'ai soif parce que j'ai versé Mon sang. Otez ma soif en payant le prix pour Mon sang».

Deux mille ans se sont écoulés depuis la mort de Jésus à la croix. Mais il nous dit toujours aujourd'hui qu'Il a soif. La soif vient de l'effusion de Son sang. Il a versé Son sang pour pardonner vos péchés et vous donner la vie éternelle. Jésus vous dit qu'Il a soif pour démontrer Sa volonté de sauver les âmes perdues. C'est pourquoi les enfants de Dieu qui sont sauvés par le sang de Jésus doivent compenser Son sang. La manière pour vous de payer pour Son sang et d'apaiser sa soif est d'enlever les gens de leur route inconsciente vers l'enfer, et de les conduire vers le ciel.

Pour cela, vous devez être reconnaissants à Jésus qui a versé Son sang, et maintenant, étancher Sa soif en conduisant les gens sur le chemin du salut.

## Tout est accompli

Dans Jean 19 :30, Jésus reçut le breuvage et dit «tout est accompli», il a baissé la tête et rendu Son esprit. Jésus a accepté l'éponge sur le bâton d'hysope. Ce n'est pas parce qu'Il ne pouvait supporter la soif. Il y a une signification spirituelle à Son acte.

La raison pour laquelle Jésus est venu dans la chair dans ce monde était d'être crucifié à la croix pour les péchés de l'humanité. Dans son grand amour pour nous, Jésus a accompli la loi de l'Ancien Testament et a porté sur lui tous les péchés et les malédictions du genre humain. Dans les temps de l'Ancien Testament, le peuple offrait le sang des animaux en sacrifice à Dieu lorsqu'ils avaient péché. Cependant Jésus a fait un sacrifice unique pour les péchés de tous les temps, en versant Son sang (Hébreux 10 :11-12). Donc, vos péchés sont pardonnés lorsque vous recevez Jésus parce qu'Il vous a déjà racheté. La grâce de rédemption en Jésus-Christ se réfère au vin nouveau et il a bu le vinaigre de vin afin de nous donner du vin nouveau.

## La signification spirituelle de la parole «tout est accompli»

Jésus a dit «tout est accompli», et a rendu Son esprit. Quelle en est la signification spirituelle?

Jésus est devenu chair, est venu sur la terre, a prêché l'évangile, guéri tous les malades et toutes les infirmités, et ouvert le chemin du salut en prenant le chemin de la croix pour tous ceux qui étaient destinés à la mort.

Il a accompli la loi de l'Ancien Testament avec amour, se sacrifiant lui-même jusqu'à la mort. Aussi, il a vaincu le diable, en détruisant totalement ses œuvres. Cela étant, il a accompli le plan divin pour le salut de l'humanité. C'est pourquoi, il a dit à la croix «tout est accompli».

Dieu veut que ses enfants accomplissent toutes choses en vivant selon la volonté de Dieu, tout comme Son Fils unique Jésus a accompli toute la providence du salut en obéissant au Père au point de sacrifier Sa vie selon la volonté et le plan de Dieu.

Donc, vous devez d'abord imiter le cœur de votre Dieu en gagnant l'amour spirituel, portant les neuf fruits de l'Esprit (Galates 5 :22-23) et accomplissant les Béatitudes (Matthieu 5 :3-10).

Ensuite, vous devez être fidèles au travail qui vous a été donné par le Seigneur. Vous devez conduire le plus possible de gens vers le Seigneur en priant avec instance, en prêchant l'évangile et en servant dans l'église.

J'espère que chacun de vous, précieux enfants de Dieu, allez vaincre le monde avec une foi ferme, aimer votre Dieu et confesser «tout est accompli» en obéissant à Dieu, et en accomplissant Sa volonté comme notre Seigneur Jésus-Christ vous l'a démontré.

## Père entre Tes mains, Je remets Mon Esprit

Au moment où il prononçait Ses ultimes paroles à la croix, Jésus était totalement épuisé. Dans cette condition, Jésus a crié d'une voix forte «Père, entre Tes mains, je remets Mon Esprit».

*Jésus s'écria d'une voix forte «Père entre Tes mains, Je remets Mon Esprit». lorsqu'il eut prononcé ces paroles, il expira (Luc 23 :46).*

### Jésus a remis Son esprit et Son âme à Dieu

Pourquoi, Jésus qui est venu sur la terre comme Sauveur a-t-il remis Son esprit et Son âme à Dieu?

L'homme est composé d'un esprit, d'une âme et d'un corps (1 Thessaloniciens 5 :23). Quand il meurt, son esprit et son âme quittent le corps. Son esprit et son âme vont retourner à Dieu s'il est un enfant de Dieu. Autrement, son esprit et son âme iront en enfer (Luc 16 :19-31). Son corps est enterré et retourne à la poussière.

Jésus, le Fils de Dieu est devenu chair, et il est venu dans ce monde. Il avait un esprit, une âme et un corps comme nous. Lorsqu'Il fut crucifié, Son corps est mort, mais pas son esprit ni son âme ; Il a remis Son esprit et Son âme entre les mains de Dieu.

Lorsque vous mourez, Dieu reçoit votre esprit et votre âme. Si Dieu recevait seulement votre esprit et pas votre âme, vous ne connaîtriez jamais le véritable bonheur dans le ciel et vous ne lui seriez jamais reconnaissants du plus profond de votre cœur. Pourquoi? Vous ne vous souviendriez pas de choses qui sont sorties de votre âme, tels les larmes, le regret, la souffrance et les autres choses que vous avez endurées sur la terre. C'est pourquoi Dieu reçoit et l'âme et l'esprit.

Pourquoi alors, Jésus a-t-il remis Son esprit et Son âme à Dieu? C'est parce que Dieu est le Créateur, qui gouverne toutes choses dans l'univers et prend soin de votre vie, mort, malédiction et bénédiction. Ceci revient à dire que tout appartient à Dieu et est sous sa souveraineté. Dieu est le seul qui exauce vos prières. Donc, Jésus lui-même a dû prier de manière à remettre Son esprit et Son âme à Dieu (Matthieu 10 :29-31).

## Jésus a prié à haute voix

Pourquoi Jésus a-t-il prié à haute voix, même tandis qu'il se trouvait dans une grande souffrance, en disant *«Père entre Tes mains, Je remets Mon Esprit»*?

C'est parce qu'Il voulait que les gens entendent et pour leur faire savoir que crier Sa prière était la volonté de Dieu. La prière pour remettre Son esprit entre les mains du Père était aussi sérieuse que celle qu'il a prié dans le jardin de Gethsemané, peu avant son arrestation.

La prière de Jésus *«Père entre Tes mains, Je remets Mon Esprit»* prouve également que Jésus a parfaitement accompli toutes choses selon la volonté de Dieu. Cela veut dire qu'Il peut maintenant avec assurance remettre Son esprit à Dieu après avoir accompli Son travail en pleine obéissance à Dieu.

L'apôtre Paul a confessé *«j'ai combattu le bon combat, j'ai achevé la course, j'ai gardé la foi. Désormais la couronne de justice m'est réservée ; le Seigneur, le juste juge, me la donnera en ce jour-là, et non seulement à moi, mais à tous ceux qui auront aimé Son avènement»* (2 Timothée 4 :8).

Le diacre Etienne a aussi vécu selon la volonté de Dieu et conservé sa foi. C'est pourquoi il a pu prier «Seigneur Jésus, reçois mon esprit» et il rendit l'âme (Actes 7 :59). L'apôtre Paul et Etienne n'auraient pas pu prier de telle manière s'ils avaient mené des vies mondaines, à la poursuite des plaisirs qui émanent de la nature pécheresse.

De la même manière, vous pouvez dire avec assurance «tout est accompli» et *«Père entre Tes mains, Je remets Mon Esprit»*, de la même manière que Jésus le fit, lorsque vous avez vécu selon la volonté de votre Père, Dieu.

## Que se passa-t-il après la mort de Jésus?

Jésus est mort à la croix après avoir prononcé sa dernière parole avec force. C'était la neuvième heure (trois heures de l'après-midi). Malgré qu'il faisait jour, les ténèbres ont couvert toute la terre de la sixième (midi) à la neuvième heure, et le voile du temple se déchira en deux par le milieu (Luc 23 :43-45).

> *Et voici, le voile du temple se déchira en deux, depuis le haut jusqu'en bas, la terre trembla, les rochers se fendirent, les sépulcres s'ouvrirent, et plusieurs corps des saints qui étaient morts ressuscitèrent. Etant sortis des sépulcres après la résurrection de Jésus, ils entrèrent dans la ville sainte et apparurent à un grand nombre de personnes (Matthieu 27 :51-53).*

Il y a une importante signification spirituelle dans la phrase «le rideau du temple se déchira en deux, du haut jusqu'en bas». Le haut rideau du temple servait à séparer le lieu Saint du lieu très Saint. Personne ne pouvait entrer dans le lieu saint, si ce n'est les sacrificateurs et uniquement le souverain Sacrificateur pouvait, une fois l'an pénétrer dans le Saint des Saints.

Le déchirement du voile du temple indique que Jésus s'est offert comme une offrande de paix pour abattre le mur du péché. Avant que le rideau ne soit déchiré, le souverain Sacrificateur faisait des offrandes pour les péchés du peuple et intercédait pour lui auprès de Dieu.

Vous pouvez avoir une relation directe avec Dieu, parce que le mur du péché a été abattu par la mort de Jésus. Cela signifie que quiconque croit, en Jésus-Christ peut entrer dans le saint sanctuaire, adorer et prier à Dieu sans l'intercession d'un souverain sacrificateur ni de prophètes.

*C'est pourquoi, l'auteur du livre des Hébreux remarque «ainsi donc frères, puisque nous avons, au moyen du sang de Jésus, une libre entrée dans le sanctuaire par la route nouvelle et vivante qu'Il a inaugurée pour nous au travers du voile, c'est-à-dire de Sa chair» (Hébreux10 :19-20).*

De plus, la terre trembla et le rocher se fendit. Tous ces éléments surnaturels nous indiquent que toute la nature sur cette terre fut secouée. C'était la représentation de la colère de Dieu à cause de la méchanceté de l'homme. Dieu a exprimé qu'Il était profondément blessé par l'endurcissement du cœur de l'homme à recevoir Jésus-Christ, alors même qu'Il avait donné Son Fils unique pour les sauver.

La tombe s'est brisée et les corps de beaucoup d'hommes saints qui étaient morts ont ressuscité. C'est une évidence de la résurrection, que quiconque croit en Jésus-Christ est pardonné et vit à nouveau.

Pour tout cela, j'espère que vous comprenez la signification spirituelle et l'amour du Seigneur au travers de Ses sept dernières paroles à la croix, afin que vous puissiez mener une vie chrétienne victorieuse, attendant avec impatience le retour du Seigneur, tout comme les précurseurs de la foi.

**Chapitre 8**

# LA VRAIE FOI ET LA VIE ÉTERNELLE

- Quel profond mystère!
- Les fausses confessions ne mènent pas
  au salut
- La chair et le sang du Fils de l'homme
- Le pardon uniquement en marchant
  dans la Lumière
- La foi en action est la vraie foi

*Celui qui mange Ma chair et qui boit Mon sang a la vie éternelle ; et Je le ressusciterai au dernier jour. Car Ma chair est vraiment une nourriture et Mon sang est vraiment un breuvage. Celui qui mange Ma chair et qui boit Mon sang demeure en Moi et Je demeure en lui. Comme le Père qui est vivant m'a envoyé, et que Je vis par le Père, ainsi, celui qui Me mange, vivra par Moi.*

Jean 6 :54-57

La finalité de la foi en Jésus-Christ et la raison de fréquenter l'église, est d'être sauvé et d'obtenir la vie éternelle. Cependant, beaucoup de gens croient qu'ils seront sauvés uniquement parce qu'ils fréquentent l'église le Dimanche et qu'ils croient en Jésus-Christ, mais sans vivre selon la Parole de Dieu.

Bien sûr, il est écrit dans Galates 2 :16, *«ce n'est pas par les œuvres de la loi que l'homme est justifié»*, c'est-à-dire que vous ne pouvez pas entrer dans le ciel ou être justifié uniquement en observant strictement la loi, surtout si votre cœur est rempli de méchanceté. Vous n'aurez aucune communion avec Jésus-Christ si vous continuez à commettre les péchés et ne suivez pas la Parole de Dieu après que vous l'ayez apprise.

Pour cela vous devez réaliser qu'il est difficile pour vous d'être sauvés uniquement en confessant votre foi de vos lèvres. Le sang de Jésus vous purifie de vos péchés pour vous sauver, uniquement lorsque vous marchez dans la lumière et que vous vivez dans la vérité. Vous devez avoir la foi véritable accompagnée par les œuvres (1 Jean 1 :5-7).

Maintenant, considérons en détail comment obtenir la foi véritable afin de recevoir le salut total et la vie éternelle, comme de vrais enfants de Dieu.

# Quel profond mystère!

Il est dit dans Ephésiens 5 :31-32, *«c'est pourquoi l'homme quittera son père et sa mère, s'attachera à sa femme, et les deux deviendront une seule chair. Ce mystère est grand : je dis cela par rapport à Christ et à l'église».*

Il est normal que les gens quittent leurs parents et sont unis avec leur mari ou leur femme lorsqu'ils grandissent. Pourquoi alors, Dieu a-t-Il dit qu'il s'agit d'un profond mystère? Si vous interprétez et comprenez ce verset littéralement, vous ne comprendrez pas ce qu'est ce «profond mystère», mais lorsque vous comprendrez la signification spirituelle qu'il renferme, vous serez remplis de joie.

«L'église» ici se réfère aux enfants de Dieu qui ont reçu le Saint-Esprit. En fait, Dieu compare les relations entre Jésus-Christ et les croyants à celles d'un homme et d'une femme qui sont unis.

Comment pouvez-vous quitter le monde et être unis avec votre époux Jésus-Christ?

## Si vous acceptez Jésus-Christ avec foi

Le péché est entré dans le monde depuis que le premier homme Adam a commis un péché en désobéissant à Dieu. Tous ses descendants sont devenus esclaves du péché et des enfants de l'ennemi le diable qui règne sur ce monde.

Avant que vous acceptiez Jésus, vous apparteniez à ce monde et à l'ennemi le diable, qui a l'autorité sur ce monde des ténèbres.

Ceci a été confirmé par Jean 8 :44 qui dit «*Vous avez pour père le diable et vous voulez accomplir les désirs de votre père*» et par 1 Jean 3 :8 «*celui qui pratique le péché est du diable*». Cependant, lorsque vous acceptez Jésus-Christ comme votre Sauveur, et que vous venez à la lumière, vous recevez l'autorité d'un enfant de Dieu et devenez libres du péché, parce que vos péchés sont pardonnés au moyen du sang de Jésus.

Si vous possédez la foi de ce que Jésus vous a racheté du péché en portant Sa croix, Dieu vous donne le Saint-Esprit comme un don, et le Saint-Esprit donne vie à votre esprit dans votre cœur. Le Saint-Esprit vous montre et vous enseigne la volonté de Dieu, afin que vous vous comportiez et viviez dans la vérité.

Vous devenez alors un enfant de Dieu, conduit par le Saint-Esprit de Dieu, et c'est par Lui que vous criez «Abba Père» (Romains 8 :14-15), et que vous héritez du royaume des cieux.

Combien c'est merveilleux et mystérieux, de savoir que des enfants du diable, qui à un moment donné devaient entrer dans la mort éternelle, sont devenus des enfants de Dieu qui sont maintenant dirigés vers le ciel par la foi!

Lorsque vous êtes unis avec Jésus-Christ par la foi en Son Nom, le Saint-Esprit entre dans votre cœur et est uni avec la semence de vie. Dieu a créé le premier homme à partir de la poussière et a soufflé dans ses narines le souffle de vie. Le souffle de vie est la semence de vie, la vie elle-même. Donc, elle ne peut jamais mourir et elle a été transmise aux descendants au moyen du sperme et des ovules des êtres humains d'une génération à la suivante.

Cette semence de vie est enveloppée dans le cœur. Quand

Dieu a créé Adam, Il a planté la connaissance de la vie, la connaissance de l'esprit dans son cœur. De la même manière dont un bébé nouveau-né doit apprendre la connaissance de ce monde afin de devenir un homme cultivé et de caractère, et vivre en tant qu'être humain ; un être humain a besoin de la connaissance de la vie pour devenir un véritable être humain, malgré qu'il vit déjà.

Adam a été une fois rempli de la seule connaissance de l'esprit, c'est-à-dire la vérité. Cependant, après avoir désobéi à Dieu, la communication avec Dieu a été interrompue. Il a alors commencé à perdre la connaissance de l'esprit petit à petit, et la contrevérité a pris la place dans son cœur.

A partir de ce moment, un cœur qui n'avait été rempli que par la vérité, devint rempli par deux choses, la vérité et la contrevérité. Par exemple, Adam avait l'amour dans son cœur, mais l'ennemi le diable planta une contrevérité dans son cœur, appelée haine. Vous pouvez en voir le résultat dans Genèse 4, Caïn à qui Adam donna naissance après son péché, tua son frère Abel à cause de la jalousie et de l'envie.

Tandis que le temps passait, une autre partie de son cœur commença à se développer qui était remplie de vérité et de contrevérité. Cette partie est appelée «nature». Vous avez hérité des caractéristiques et des traits de vos parents. Vous y stockez ce que vous voyez, entendez et apprenez au travers du sentiment de votre cœur. Ces deux choses forment la «nature» à la poursuite de la vérité.

Cette nature est souvent appelée «conscience», et elle est formée très différemment en fonction du genre de personnes que vous rencontrez, du genre de livres que vous lisez, et du type d'environnement dans lequel vous grandissez. Par exemple, en regardant le même individu ou événement, certains disent «c'est mal» tandis que d'autres disent «c'est bien» ou «cela appartient à la bonté».

C'est pourquoi, lorsque vous analysez le cœur de quelqu'un, il y a toujours une part de vérité qui appartient à Dieu, une part de contrevérité qui a été donnée par Satan et sa nature propre, formée par le résultat des deux autres.

## Le Saint-Esprit uni avec la semence de vie dans le cœur

Dans le cas d'Adam, ces trois parties enveloppaient la semence de vie qui avait été donnée par Dieu dans son cœur. Cet état se produit lorsque la parole de Dieu «tu mourras certainement» fut accomplie après qu'Adam ait mangé le fruit de l'arbre de la connaissance du bien et du mal. Malgré qu'il ait la semence de vie, il n'y a aucune différence avec la mort, si elle ne fonctionne pas.

Par exemple, lorsque vous semez de la semence dans le champ, certaines semences ne poussent pas parce qu'elles sont déjà mortes. Cependant, si les semences sont vivantes, elles germeront sûrement.

C'est pareil pour l'être humain. Si la semence de vie qui a été donnée par Dieu est complètement morte, elle ne peut revivre, alors, il n'y a aucune raison pour Dieu de préparer Jésus-Christ pour le salut de l'humanité, et de préparer le ciel et l'enfer.

Cependant, la semence de vie donnée à l'homme par Dieu,

lorsqu'Il souffla le souffle de vie en lui, est éternelle. Lorsque vous recevez l'évangile, la semence de vie revit ; au plus la part de vérité est grande dans votre coeur, au plus facilement vous recevrez l'évangile. Quiconque écoute le message de la croix et accepte Jésus-Christ, reçoit le Saint-Esprit. A ce moment, la semence de vie dans votre cœur est unie au Saint-Esprit.

Au contraire, les gens qui ont la conscience scellée comme par un fer rouge, n'ont pas de place pour que l'évangile puisse entrer, parce que leur cœur plein de contrevérité entoure étroitement et scelle la semence de vie dans leur cœur. La semence de vie qui est restée dans un état de mort acquiert de la puissance pour accomplir sa mission, lorsqu'elle est combinée avec la puissance de Dieu, le Saint-Esprit.

## Pour devenir un homme spirituel

Lorsque vous assistez à des cultes d'adoration, réalisez la parole de Dieu et priez, que la grâce de Dieu et Sa grande puissance puissent descendre sur vous et vous permettent de suivre la nature du Saint-Esprit.

Au travers de ce processus, votre cœur et votre esprit s'unissent pour que votre cœur devienne de plus en plus vrai, en enlevant la contrevérité et en le remplissant de la vérité. Si votre cœur est complètement rempli de la connaissance de l'esprit et de vérité, ce cœur devient lui-même esprit, de la même manière que celui d'Adam.

Même si vous avez l'air d'être fidèle, si vous ne priez pas, vous agirez selon votre nature. Le Saint-Esprit en vous ne peut pas donner naissance à l'esprit et vous demeurez un homme charnel. De plus, vous ne pouvez pas suivre la nature du Saint-Esprit si vous ne brisez pas vos anciennes pensées et arguments, et cela même si vous priez de manière assidue ou pendant longtemps. Pour cela vous ne pouvez pas être transformé en un homme spirituel.

Le Saint-Esprit vous permet de penser selon la vérité qui est dans votre cœur. C'est-à-dire que vous vivez selon le désir du Saint-Esprit. Satan travaille de la même manière, pour vous conduire sur le chemin de la destruction en vous tentant pour suivre les pensées charnelles, de telle sorte que vous ayez toujours de la contrevérité dans votre cœur.

Pour cela, vous devez vous débarrasser des pensées charnelles et de votre attitude moralisatrice, tel qu'il est dit dans 2 Corinthiens 10 :5 *«c'est pourquoi, nous détruisons toute hauteur et tout raisonnement qui s'opposent à la connaissance de Dieu, et nous amenons toute pensée captive à l'obéissance à Christ».*

Lorsque vous obéissez à la parole de Dieu en disant «oui» et que vous suivez le désir du Saint-Esprit, votre cœur ne peut être rempli que de vérité, et alors vous pouvez devenir un homme spirituel parfaitement sanctifié.

## Vous pouvez recevoir tout ce que vous demandez

Vous devenez un avec le Seigneur lorsque vous rejetez toute contrevérité, brisez «votre attitude moralisatrice» en donnant naissance à votre esprit au travers du Saint-Esprit, et en rendant votre cœur aussi pur que le cœur de votre Seigneur Jésus-Christ.

Un homme et une femme deviennent une seule chair, et donnent naissance à un bébé par la rencontre d'un sperme et d'un ovule. De la même manière, lorsque vous sortez du monde, et devenez un avec Jésus-Christ, votre époux, en Le recevant, vous donnerez naissance à votre esprit par le Saint-Esprit, et vous recevrez la bénédiction abondante réservée aux enfants de Dieu.

Comme il est dit dans Romains 12 :3, il y a des niveaux de foi, et vous recevez des réponses selon ces niveaux. Dans 1 Jean 2 :12 et suivants, la croissance de la foi est comparée au processus de croissance d'un être humain.

Ceux qui acceptent Jésus-Christ, reçoivent le Saint-Esprit et sont sauvés avec la foi de petits enfants (1 Jean 2 :12). Ceux qui essayent de mettre la vérité en action, c'est avec une foi d'enfant (1 Jean 2 :13). Lorsqu'ils grandissent au départ de ce niveau et continuent à mettre en action la vérité, ils ont la foi de jeunes gens (1 Jean 2 :13), et s'ils grandissent encore, ils ont la foi des pères (1 Jean 2 :13).

Lorsque vous lisez Job dans l'Ancien Testament, Dieu l'a reconnu comme un homme juste et sans blâme, mais quand Satan a défié Dieu, Il a permis à Satan de tester Job. Au commencement, Job a insisté sur le fait qu'il était juste. Cependant, il s'est rapidement rendu compte de sa méchanceté, et il s'est repenti devant Dieu, lorsque le mal et sa nature furent mis à nu par le test. L'attitude moralisatrice de Job fut brisée et son cœur devint pur et juste devant Dieu. Ce ne fut qu'à ce moment, que Dieu put le bénir deux fois plus abondamment.

De la même manière, si vous obtenez le niveau de foi des pères, qui est le niveau le plus élevé, en brisant votre attitude moralisatrice et en devenant un avec le Seigneur, vous pouvez recevoir un flot ininterrompu de bénédictions en tant qu'enfant de Dieu. C'est ce que Dieu vous a promis dans 1 Jean 3 :21-22 : *«bien-aimés, si notre cœur ne nous condamne pas, nous avons de l'assurance devant Dieu. Quoi que ce soit que nous demandions, nous le recevons de Lui, parce que nous gardons Ses commandements et que nous faisons ce qui Lui est agréable».*

## Vous pouvez jouir des bénédictions en tant qu'enfant de Dieu

De cette manière, vous devenez un avec Jésus-Christ, au point que vous devenez spirituel. Vous recevez aussi la bénédiction d'être un avec Dieu, dans la mesure où vous accomplissez Sa justice.

Jésus vous a promis dans Jean 15 :7 que *«si vous demeurez en Moi et que Ma parole demeure en vous, demandez ce que vous voulez et cela vous sera accordé».* Egalement dans Jean 17 :21, Il nous dit *«afin que tous soient un, comme Toi Père tu es en Moi, et comme Je suis en Toi, afin qu'eux aussi, soient un en nous, pour que le monde croie que tu m'as envoyé».*

De la même manière, lorsque vous êtes un avec le Seigneur, en sortant de ce monde qui est dirigé par la puissance des ténèbres du diable, vous devenez un avec votre Père, Dieu. Galates 4 :4-7 nous dit à ce sujet :

*Mais, lorsque les temps ont été accomplis, Dieu a envoyé Son Fils, né d'une femme, né sous la loi, afin qu'Il rachetât ceux qui étaient sous la loi, afin que nous reçussions l'adoption. Et parce que vous êtes fils, Dieu a envoyé dans vos cœurs, l'Esprit de Son Fils, lequel crie «Abba! Père!», ainsi tu n'es plus esclave, mais fils, et si tu es fils, tu es aussi Héritier par la grâce de Dieu.*

De la même manière que les gens héritent des possessions de leurs parents, vous héritez le royaume de Dieu, lorsque vous devenez Son fils en acceptant Jésus-Christ. Ce qui signifie, que les enfants du diable héritent de l'enfer du diable, et les enfants de Dieu héritent du ciel de Dieu.

Cependant, vous devez garder en mémoire que tous ceux qui ne donnent pas naissance à leur esprit par le Saint-Esprit, doivent aller en enfer, parce que le ciel est un endroit pur rempli exclusivement de vérité ; et dans la mesure où votre esprit devient prospère et devient un avec Dieu, vous recevez la gloire de résider plus près de Dieu dans le ciel.

Pour cela, j'espère que vous receviez la bénédiction de la vie éternelle en acceptant Jésus-Christ, votre époux et que vous deveniez un avec le Seigneur Jésus et avec Dieu le Père, en rejetant toute contrevérité et en chassant l'attitude moralisatrice. De cette manière, vous pouvez donner toute la gloire à Dieu.

# Les fausses confessions ne mènent pas au salut

Jésus-Christ devient votre véritable époux qui vous conduit sur le chemin de la vie éternelle et de la bénédiction lorsque vous êtes un avec Lui par la foi. Si votre cœur ressemble à celui de Jésus-Christ, votre époux, et que vous atteignez la foi parfaite, non seulement vous hériterez le royaume des cieux, mais vous brillerez aussi comme le soleil.

Lorsque vous lisez avec attention la Bible, vous verrez que certaines personnes qui affirment croire en Dieu ne sont pas sauvées. Dans Matthieu 25, il y a la parabole des dix vierges. Les cinq vierges sages qui avaient préparé de l'huile étaient sauvées, mais les autres cinq vierges étaient folles et ne purent être sauvées.

De la même manière, Dieu vous dit clairement dans la Bible qui peut ou ne peut pas être sauvé, même si tous affirment avoir la foi. Vous devriez ainsi connaître le style de vie que vous devez adopter pour être sauvé.

Il est écrit clairement dans Matthieu 7 :21 *«tous ceux qui m'appellent Seigneur, Seigneur n'entreront pas dans le royaume des cieux, mais uniquement ceux qui font la volonté de Mon Père qui est dans les cieux»*. Si vous appelez Jésus «Seigneur, Seigneur», cela signifie que vous croyez que Jésus est le Christ. Cependant, vous ne pouvez pas être sauvés uniquement en confessant le Nom du Seigneur et en assistant au culte de dimanche.

## Ceux qui font le mal ne peuvent pas être sauvés

Dieu vous parle du jugement dans Matthieu 13 :40-42 :

> *Or, comme on, arrache l'ivraie, et on, la jette au feu, il en sera de même à la fin du monde. Le Fils de l'homme enverra Ses anges, qui arracheront de Son royaume tous les scandales et ceux qui commettent l'iniquité : et ils les jetteront dans la fournaise ardente où il y aura des pleurs et des grincements de dents.*

Lorsque un agriculteur moissonne, il rassemble le blé dans son grenier, mais il brûle la balle dans le feu. De la même manière, Dieu vous dit que ceux qui ne sont pas justes à Ses yeux vont devoir faire face à la punition.

«Tous les scandales» se réfère à tous ceux qui affirment croire en Dieu, mais qui tentent les frères et les sœurs dans la foi et les entraînent à perdre leur foi. Donc vous ne serez pas sauvé si vous êtes une occasion de chute et que vous poussez les gens à pécher et pratiquer le mal.

Alors, qu'est-ce que le mal? 1 Jean 3 :4 dit que *«quiconque pèche transgresse la loi, et le péché est la transgression de la loi».*

Tout comme chaque pays a son propre recueil de lois, il y a aussi une loi spirituelle dans le royaume de Dieu. La loi du monde spirituel est la Parole de Dieu écrite dans la Bible. Quiconque viole la Parole de Dieu est condamné de la même manière que quiconque viole la loi est poursuivi selon la loi. C'est pourquoi, violer la loi de Dieu est mauvais et péché.

La loi de Dieu peut facilement être divisée en quatre catégories : «faire», «ne pas faire», «garder», et «chasser». Etant donné que Dieu est lumière, Il dit à Ses enfants de faire ce qui est bien, de ne pas faire ce qui est mal, de garder le devoir des enfants de Dieu et chasser ce que Dieu rejette parce qu'Il veut que Ses enfants vivent dans la lumière.

Dieu nous demande dans Deutéronome 10 :13 *«si ce n'est que tu observes les commandements de l'Eternel et ses lois que je te prescris aujourd'hui, afin que tu sois heureux».* D'un côté, vous recevrez des bénédictions si vous mettez la Parole de Dieu en action. D'un autre côté vous recevrez la mort éternelle à cause du mal et du péché si vous ne vivez pas selon Sa Parole.

Galates 5 :19-21 remarque que *«Or les œuvres de la chair sont manifestes, ce sont l'impudicité, l'impureté, la dissolution, l'idolâtrie, la magie, les inimitiés, les querelles, les jalousies, les animosités, les disputes, les divisions, les sectes, l'envie, l'ivrognerie, les excès de table et les choses semblables. Je vous dis d'avance, comme je l'ai déjà dit, que ceux qui commettent de telles choses n'hériteront point le royaume de Dieu».*

«Impudicité» se réfère à toutes sortes d'impuretés sexuelles, ne pas demeurer chaste, y compris le fait d'avoir des relations sexuelles avant le mariage légal. «Impureté» représente des actions désordonnées au-delà du sens commun qui résultent de la nature pécheresse.

«Dissolutions» est lorsque vous suivez toujours votre

immoralité sexuelle pécheresse, et que vous vivez avec des paroles et des actes adultères. «Idolâtrie» consiste à adorer des objets qui sont faits d'or, d'argent de bronze ou de toute autre matière, ou d'aimer n'importe quelle chose plus que Dieu.

«Magie» signifie entraîner quelqu'un par des mensonges astucieux. «Inimitiés» signifie avoir le désir de ruiner la vie des autres par inimitié, c'est le contraire de l'amour. «Querelles» se réfère à l'action de se battre pour ses propres intérêts ou pour l'autorité. «Jalousies» signifie haïr une autre personne parce que vous trouvez qu'elle est meilleure que vous. «Animosités» ne signifie pas uniquement le fait d'être fâché, mais de causer du dommage aux autres, en raison d'une colère extrême.

«Disputes» se réfère au fait de créer un groupe séparé et de suivre les œuvres de Satan parce que vous n'êtes pas d'accord avec les autres. «Divisions» signifie créer un groupe et vous séparer des autres en suivant vos propres pensées et pas celles du Saint-Esprit. «Sectes» signifie renier Dieu en tant que Trinité, Jésus venu dans la chair, qui a versé Son sang pour racheter l'humanité et devenir le Christ.

«Envie» signifie blesser ou faire tort à quelqu'un par des actions mauvaises, à cause de la jalousie. «Ivrognerie» est l'acte de boire de l'alcool. «Excès» représente non seulement le fait d'être ivre, trop indulgent envers soi-même ou manquer de contrôle de soi, mais aussi d'échouer dans l'exécution des devoirs propres à l'époux ou au parent.

En plus, «les choses semblables» signifie qu'il existe beaucoup d'autres actions pécheresses semblables à celles-ci, et ceux qui font ces choses ne seront pas sauvés.

## Des péchés qui mènent à la mort et des péchés qui ne le font pas

Dans ce monde, «péché» est considéré comme «péché» lorsque le résultat de ce péché est apparent, et que le dommage physique causé à une tierce partie est supporté par une preuve évidente. Cependant, Dieu qui est lumière, nous dit que non seulement l'acte de pécher, mais aussi les ténèbres qui s'opposent à la lumière sont péchés.

Même s'ils ne sont pas mentionnés, tous les désirs pécheurs dans votre cœur, tels que la haine, l'envie, la jalousie, la convoitise, le jugement, la condamnation, le manque de cœur et la malhonnêteté sont mauvais et péchés également.

C'est pourquoi Dieu nous dit *«mais Moi, Je vous dis que quiconque regarde une femme pour la convoiter a déjà commis un adultère avec elle dans son cœur»* (Matthieu 5 :28) et *«quiconque hait son frère est un meurtrier»* (1 Jean 3 :15). De plus, en Romains 14 :23, il est écrit *«tout ce qui n'est pas le produit d'une conviction est péché»*, et Jacques 4 :17 dit *«celui donc qui sait faire ce qui est bien, et qui ne le fait pas, commet un péché»*. Pour cela, vous devez réaliser que de ne pas faire ce que Dieu désire et vous ordonne est péché et transgression.

Cependant, tous les gens mourront-ils s'ils commettent ces péchés? Vous devez réaliser que quelqu'un qui mentait auparavant, mais qui prie et qui essaie de mener une vie de vérité vit dans la foi. Même s'il n'a pas encore rejeté toute la malhonnêteté de son cœur, à cause de la faiblesse de sa foi, il n'est pas vrai qu'il ne sera pas sauvé à cause de ce péché.

1 Jean 5 :16-17 nous dit «*si quelqu'un voit son frère commettre un, péché qui ne mène pas à la mort, qu'il prie, et Dieu donnera sa vie à ce frère, il la donnera à ceux qui commettent un péché qui ne mène pas à la mort. Il y a un péché qui mène à la mort ; ce n'est pas pour ce péché là que je vous dis de prier. Toute iniquité est un péché, et il y a tel péché qui ne mène pas à la mort*».

Les péchés sont généralement divisés en deux catégories : ceux qui mènent à la mort et ceux qui ne mènent pas à la mort. Ceux qui commettent des péchés qui ne mènent pas à la mort peuvent être sauvés, si vous les encouragez, priez pour eux, et les aidez à se repentir de leurs péchés. Cependant, si quelqu'un commet un péché qui mène à la mort, il ne peut être sauvé, même si vous priez pour lui.

Les gens considérés honnêtes mentent parfois pour leur propre intérêt, ou bien ils commettent des actes fourbes, même si ces actes en soi, ne lèsent personne. Vous commencez à reconnaître que vous êtes pécheurs lorsque vous réalisez la vérité, et ce malgré que vous estimez peut être que vous avez vécu une vie juste avant que vous n'ayez cru en Dieu. Dieu ne vous montre pas uniquement les péchés qui peuvent se remarquer, mais aussi les pensées mauvaises dans votre cœur, qui sont toutes des péchés.

Toutes les mauvaises œuvres sont des péchés et le salaire du péché est la mort. Cependant, Jésus-Christ a pardonné tous vos péchés du passé, du présent et à venir en versant Son sang à la croix. Il y a des péchés qui peuvent être pardonnés par la puissance du sang de Jésus, lorsque vous vous repentez et que vous vous en détournez. Ce sont les péchés qui ne conduisent pas à la mort.

Si vous ne vous repentez pas, mais que vous continuez à pécher, votre conscience va s'endurcir. Alors, éventuellement vous ne pourrez plus recevoir l'esprit de repentance si vous commettez un péché qui mène à la mort. Donc, à ce moment vos péchés ne peuvent pas être pardonnés, même si vous vous repentez.

## Il n'y a pas de salut si vous commettez des péchés qui mènent à la mort

Voyons maintenant les trois catégories de péché qui mènent à la mort : blasphémer contre le Saint-Esprit, soumettre le Fils de Dieu à l'ignominie de manière répétée et continuer à pécher volontairement.

### Blasphémer contre le Saint-Esprit

Il y a trois choses dans le blasphème contre le Saint-Esprit. Vous commettez un blasphème contre le Saint-Esprit lorsque vous parlez contre lui, lorsque vous vous opposez à Son œuvre et lorsque vous le rabaissez.

*C'est pourquoi Je vous dis, tout péché et tout blasphème sera pardonné aux hommes, mais le blasphème contre l'Esprit ne sera point pardonné. Quiconque parlera contre le Fils de l'homme, il lui sera pardonné ; mais quiconque parlera contre le Saint-Esprit, il ne lui sera pardonné, ni dans ce siècle, ni dans le siècle à venir. (Matthieu 12 :31-32).*

*Et quiconque parlera contre le Fils de l'homme, il lui sera pardonné, mais celui qui blasphèmera contre le Saint-Esprit, il ne lui sera point pardonné. (Luc 12 :10).*

Tout d'abord, «parler contre les autres» signifie les calomnier, et minimiser leurs paroles. «Parler contre le Saint-Esprit» signifie essayer d'empêcher l'avènement du royaume de Dieu en bloquant les œuvres du Saint-Esprit en se basant sur nos propres pensées et notre volonté. Par exemple, vous parlez contre le Saint-Esprit lorsque vous vous opposez au travail de Dieu parce que cela ne coïncide pas avec vos propres pensées, et ce malgré qu'il s'agit de l'œuvre du Saint-Esprit.

Lorsque vous accusez un Serviteur de Dieu d'être hérétique, alors qu'en réalité il ne l'est pas, et que vous stoppiez les œuvres du Saint-Esprit, il s'agit d'un péché tellement grand devant Dieu, qu'il ne peut pas être pardonné. Pour cela, vous devez être capables de discerner les esprits selon la vérité.

Bien sûr, vous devez veiller et prévenir les gens, et ne pas permettre un comportement qui essaie de transmettre des esprits impurs aux autres, ou lorsque vous constatez qu'il s'agit d'une attitude hérétique à la vue de Dieu. Tite 3 :10 nous enseigne : *«éloigne de toi, après un premier et un second avertissement, celui qui provoque des divisions».*

Aujourd'hui beaucoup de gens accusent d'hérésie certaines églises et les persécutent même de différentes manières parce qu'elles reconnaissent Dieu la Trinité, et marchent dans les œuvres du Saint-Esprit, parce que telles personnes ne savent pas discerner les esprits. Malgré qu'ils affirment croire en Dieu, ils n'ont pas une connaissance biblique suffisante sur l'hérésie. Parfois même, ils ne connaissent même pas la définition du mot hérésie.

Dans un cas de persécution des autres à cause d'un manque de connaissance personnel, ces personnes, si elles se repentent, et se détournent de leurs voies, peuvent être pardonnées. Cependant, si elles troublent les œuvres de Dieu avec une intention mauvaise et de la jalousie, et ce malgré qu'elles savent qu'il s'agit des œuvres du Saint-Esprit, elles ne peuvent pas être pardonnées.

Vous pouvez trouver un exemple de ceci dans la bible dans Marc 3, lorsque Jésus était occupé à accomplir des miracles, des signes et des prodiges, ceux qui étaient jaloux de Lui ont propagé la rumeur qu'Il était fou. La rumeur a été répandue tellement violemment que les membres de sa famille sont venus de loin, pour l'éloigner de la foule.

Les docteurs de la Loi et les Pharisiens ont critiqué Jésus en disant «Il est possédé par Belzébul! Il chasse des démons par le prince des démons» (Marc 3 :22). Ils avaient une excellente connaissance de la Parole de Dieu, ils connaissaient parfaitement la loi, l'enseignaient au peuple, et malgré cela, ils s'opposaient aux œuvres de Dieu à cause de leur jalousie et leur envie de Jésus.

Deuxièmement, « s'opposer aux œuvres du Saint-Esprit» signifie défier la voix du Saint-Esprit que Dieu nous a donnée ou juger et condamner les œuvres du Saint-Esprit en essayant de léser d'autres gens.

Par exemple, c'est parler contre le Saint-Esprit que de répandre des rumeurs ou de fabriquer de faux documents pour condamner un Pasteur ou une église comme «hérétique», pour troubler les réunions de réveil et les cultes, alors que les œuvres du Saint-Esprit sont manifestées.

Mais alors, que signifie «quiconque parle contre le Fils de l'homme, il lui sera pardonné»? Le «Fils de l'homme» dans ce verset, se réfère à Jésus, qui est venu comme un être humain, avant qu'Il ne soit crucifié.

Parler contre le Fils de l'homme signifie désobéir à Jésus, en le reconnaissant et le connaissant principalement comme un homme, parce qu'Il est venu en chair. L'incapacité de reconnaître Jésus en tant que Sauveur, vient d'un manque de connaissance. Dans ce cas, vous serez sauvés si vous vous repentez véritablement et que vous acceptez le Seigneur.

C'est pourquoi, si vous commettez ce genre de péché en ne connaissant pas la vérité ou avant que vous ne receviez le Saint-Esprit, Dieu vous donne une chance de vous repentir et d'être pardonné.

Cependant, si vous désobéissez et si vous vous opposez au Seigneur, en sachant vraiment qui est Jésus, vous devez réaliser que vous ne pourrez jamais être pardonnés pour ceci, car c'est la même chose que de parler contre le Saint-Esprit et vous opposer délibérément à Ses œuvres.

Troisièmement, blasphémer signifie aussi déprécier des choses qui sont divines, saintes et pures. Blasphémer contre le Saint-

Esprit signifie donc aussi déprécier le Saint-Esprit, l'Esprit de Dieu et la divinité de Dieu. Déprécier la puissance éternelle de Dieu et Sa divinité est un péché, il en est de même si vous troublez les œuvres du Saint-Esprit en disant qu'elles appartiennent à Satan, ou si vous insistez sur le fait qu'une œuvre est celle du Saint-Esprit, alors qu'elle ne l'est pas. Il en est de même de prêcher la vérité comme étant mensonge, en faisant passer des mensonges pour des vérités, et en condamnant ce qui est vrai comme si c'était un mensonge. Tout cela sont des blasphèmes contre le Saint-Esprit.

Dans les temps anciens, si quelqu'un était reconnu coupable de blasphème contre le roi par ses paroles ou ses œuvres, il était accusé de trahison et condamné à mort.

Si vous blasphémez contre la sainte divinité de Dieu, qui est tout puissant, et qui ne peut être comparé avec aucun roi de ce monde, vous ne pouvez jamais être pardonné.

Même Jésus qui était Dieu dans Sa nature, et est venu dans ce monde en chair, n'a condamné personne. Si vous continuez à condamner les frères et les sœurs, et à continuellement déprécier les œuvres du Saint-Esprit, combien terrible est votre péché! Si vous marchez dans la crainte de Dieu, vous ne pouvez jamais vous opposer, médire, mépriser ou parler contre le Saint-Esprit.

Pour cela, vous devez réaliser que ces péchés ne peuvent jamais être pardonnés ni dans ce siècle, ni dans le siècle à venir, et vous ne devriez jamais les commettre. Et même si vous l'avez fait, vous devez chercher la grâce de Dieu et vous repentir de tout votre cœur.

## Soumettre le Fils de Dieu au déshonneur public

Crucifier à nouveau le Fils de Dieu et Le soumettre au déshonneur public vous conduit à la mort, comme cela est décrit en Hébreux 6.

*Quand à ceux qui ont été une fois éclairés, qui ont goûté le don céleste et sont devenus participants à l'Esprit Saint, qui ont goûté la bonne parole de Dieu et les puissances du siècle à venir, et qui sont tombés, il est impossible de les ramener à une nouvelle repentance. Car ils crucifient de nouveau, pour leur part, le Fils de Dieu, et le déshonorent publiquement. (Hébreux 6 :4-6).*

Certaines personnes quittent l'église et Dieu à cause de la tentation de ce monde, et ils en arrivent à déshonorer Dieu, et ce malgré qu'ils ont reçu le Saint-Esprit, qu'ils savent qu'il y a un ciel et l'enfer, et qu'ils croient dans la parole de vérité. Nous disons qu'ils commettent le péché de crucifier à nouveau le Fils de Dieu, en le soumettant à un déshonneur public. Ce genre de personne, ne commet pas simplement un péché sous le contrôle de Satan, mais elle renie aussi Dieu, persécute et humilie l'église et les croyants

Ils ont déjà soumis leur conscience à Satan, c'est pourquoi leur cœur est rempli de ténèbres.

C'est pourquoi, ils ne veulent même pas se repentir, et l'esprit de repentance ne vient pas sur eux. Ils n'ont aucune opportunité de se repentir, et pour cela, ils ne peuvent jamais être pardonnés.

Judas l'Iscariote a commis ce genre de péché. Il était l'un des douze disciples de Jésus. Il a témoigné de multiples signes et miracles, mais il devint envieux, et vendit Jésus pour trente pièces d'argent. Plus tard, sa conscience fut touchée, et il fut rempli de regret, mais l'esprit de repentance n'est pas venu sur Judas. Son péché ne put pas être pardonné, et il finit par se suicider parce qu'il était violemment tourmenté par sa culpabilité. (Matthieu 27 : 3-5)

## Continuer à pécher volontairement

Le dernier péché qui conduit à la mort est de continuer à pécher volontairement, après que vous ayez reçu la connaissance de la vérité.

*Car si nous péchons volontairement, après avoir reçu la connaissance de la vérité, il ne reste plus de sacrifice pour les péchés, mais une attente terrifiante du jugement, et l'ardeur du feu prêt à dévorer les rebelles. (Hébreux 10 :26-27)*

«Pécher volontairement après avoir reçu la connaissance de la vérité» signifie continuer à pratiquer des choses mauvaises que Dieu ne peut pas pardonner. Cela signifie aussi continuer à pécher, sachant que c'est un péché, tout comme «le chien revient vers son vomissement» et «une truie à peine lavée va se vautrer dans le bourbier» (2 Pierre 2 :22).

D'une part, lorsque David, qui aimait tant son Dieu, a

commis l'adultère, cela donna naissance à de nombreux péchés, et il finit par faire tuer un de ses fidèles soldats. Cependant, lorsque le prophète Nathan lui révéla son péché, le Roi David se repentit instantanément.

D'autre part, le Roi Saül continua à pécher même après que le prophète Samuel lui eut révélé son péché. David s'est repenti et a reçu les bénédictions de Dieu, tandis que Saül fut abandonné parce qu'il ne s'est pas repenti et qu'il a continué à pécher.

De plus, Balaam était un prophète qui avait l'autorité de bénir ou de maudire, mais lorsqu'il est entré en compromission avec le monde, afin d'obtenir la prospérité et la gloire, il finit misérablement.

D'un côté, le Saint-Esprit se retire progressivement des cœurs de ceux qui pèchent volontairement, parce que Dieu leur tourne le dos. Ils perdent alors leur foi et pratiquent des œuvres mauvaises et fausses sous le contrôle du diable. Le Saint-Esprit en eux finira par se retirer complètement, et ils ne pourront pas être sauvés parce qu'ils ne peuvent pas se repentir, et leurs noms seront ôtés du Livre de Vie. (Apocalypse 3 :5).

D'un autre côté, il y a des gens qui continuent à pécher parce qu'ils ont connu Dieu uniquement par la connaissance, mais ne croient pas en Lui avec leurs cœurs. Leurs péchés peuvent être pardonnés et ils peuvent être conduits sur le chemin du salut s'ils se repentent complètement, de tout leur cœur et qu'ils ont une foi véritable.

Pour cela, vous devez savoir que vous ne pouvez être sauvés si vous commettez volontairement le péché, accomplissant les œuvres de votre nature pécheresse, et cela même si vous avez une fois été illuminés, cru qu'il y a les cieux et l'enfer, et expérimenté la grâce abondante de Dieu.

J'espère aussi que vous comprendrez pleinement que tous les péchés sont illégaux et appartiennent aux ténèbres, et Dieu les hait, même si certains ne conduisent pas à la mort. Je vous en prie, soyez des chrétiens vigilants qui ne permettent ni ne commettent aucun péché.

## La chair et le sang du Fils de l'homme

Afin de conserver une vie en bonne santé, vous devez vous nourrir et boire sainement. De la même manière, afin de maintenir votre esprit en bonne santé, et obtenir la vie éternelle, vous devez manger la chair et boire le sang du Fils de l'homme.

Maintenant vous allez apprendre ce que sont la chair et le sang du Fils de l'homme, et pourquoi vous devez manger Sa chair et boire Son sang afin d'obtenir la vie éternelle, en vous basant sur ce texte de Jean 6 : 53-55 :

> *Jésus leur dit : en vérité, en vérité je vous le dis, si vous ne mangez la chair du Fils de l'homme et si vous ne buvez pas Son sang, vous n'avez pas la vie en vous. Celui qui mange ma chair et qui boit mon sang a la vie éternelle et je le ressusciterai au dernier jour. Car Ma chair est vraiment une nourriture et Mon sang est vraiment un breuvage.*

## Qu'est-ce que la chair du Fils de l'homme?

Jésus vous donne dans la Bible les secrets du ciel et la volonté de Dieu au moyen de nombreuses paraboles. Pour ceux qui vivent dans ce monde tridimensionnel, il est très difficile de connaître et de réaliser la volonté de Dieu qui vit dans un monde à quatre dimensions et au-delà. Jésus compare donc les choses célestes à des choses inertes, des plantes, des animaux qui vivent dans ce monde afin que nous comprenions mieux la volonté divine.

C'est pourquoi Jésus, le seul et unique Fils de Dieu est comparé au rocher et à l'étoile qui sont hors proportion, à la vigne unidimensionnelle, l'agneau à deux dimensions et au Fils de l'homme qui est à trois dimensions.

Jésus est appelé le Fils de l'homme, donc, la chair du Fils de l'homme est la chair de Jésus.

Jean 1 :1 dit *«Au commencement était la Parole, et la Parole était avec Dieu, et la Parole était Dieu»*. Jean 1 :14 remarque *«La Parole a été faite chair, et elle a demeuré parmi nous. Nous avons contemplé Sa gloire, une gloire comme celle du Fils unique venu du Père»*.

Jésus est celui qui est venu dans ce monde en chair en tant que Parole de Dieu. Pour cela, la chair du Fils de l'homme est la Parole de Dieu, qui est la vérité en soi, et manger la chair du Fils de l'homme signifie apprendre la Parole de Dieu dans la Bible.

## Comment manger la chair du Fils de l'homme?

Dans Exode 12 :5 et les versets suivants, Jésus est présenté comme «l'agneau» :

> *Ce sera un agneau sans défaut, mâle, âgé d'un an ; vous pourrez prendre un agneau ou un chevreau. Vous l'aurez en garde jusqu'au quatorzième jour de ce mois, et toute l'assemblée de la communauté d'Israël l'immolera entre les deux soirs. On prendra de son sang et on en mettra sur les deux poteaux et sur le linteau (de la porte) des maisons où on en mangera.*

Généralement, beaucoup de croyants pensent que l'agneau se réfère à des nouveaux convertis, mais lorsque vous étudiez attentivement la Bible, l'agneau est le symbole de Jésus.

Jean Baptiste, lorsqu'il regarda Jésus qui venait vers lui, dit dans Jean 1 :29 *«voici l'agneau de Dieu qui efface les péchés du monde».* 1 Pierre 1 :19 se réfère au Seigneur en qualité de «agneau sans tâche ni défaut». A part celles-ci, de nombreuses expressions comparent Jésus à l'agneau.

Pourquoi la Bible compare-t-elle Jésus à l'agneau? L'agneau est le plus doux et obéissant animal du troupeau. Il reconnaît la voix de son berger et lui obéit. Personne d'autre ne peut tromper l'agneau même si certaines personnes essaient d'imiter la voix de leur berger. Il donne une toison blanche et douce, son lait, sa viande et d'autres parties de son corps aux gens.

Tout comme l'agneau sacrifie tout pour l'humanité, Jésus a

parfaitement obéi à la volonté de Dieu et a tout sacrifié pour nous.

Jésus est venu dans ce monde en chair alors qu'Il avait la nature même de Dieu, il a prêché l'évangile du royaume, guéri de nombreuses maladies et infirmités, et fut crucifié. Jésus a tout donné pour vous racheter de vos péchés.

Jésus est comparé à un agneau parce que Ses caractéristiques et Ses œuvres ressemblent à celles d'un jeune agneau, et manger un agneau symbolise manger la chair de Jésus, donc la chair du Fils de l'homme.

Comment donc devez-vous manger la chair du Fils de l'homme? Regardons Exode 12 :9-10 qui donne l'instruction suivante :

> *Vous ne le mangerez pas à demi cuit, ni bouilli dans l'eau ; mais il sera rôti au feu, la tête avec les pattes et les entailles. Vous n'en laisserez rien jusqu'au matin ; et s'il en reste quelque chose au matin, vous le brûlerez au feu.*

## Tout d'abord, vous ne mangerez pas la parole de Dieu crue

Que signifie manger la parole de Dieu crue?

Généralement la viande crue n'est pas bonne. Si vous en mangez, vous pouvez recevoir un virus ou des bactéries et devenir malade. De la même manière, Dieu vous dit de ne pas manger la Parole de Dieu crue, parce que c'est nuisible.

La Parole de Dieu est écrite sous l'inspiration du Saint-Esprit, donc vous devez la lire et en faire votre nourriture sous l'inspiration du Saint-Esprit.

Que se passe-t-il lorsque vous interprétez littéralement la parole de Dieu? Vous allez probablement vous tromper sur les intentions de Dieu. Pour cela, manger la parole de Dieu crue signifie d'interpréter la bible de manière littérale.

Comme Jean 1 :1 dit *«la Parole était Dieu»,* la Bible contient le cœur et la volonté de Dieu et toutes choses sont accomplies selon cette parole.

La Parole de Dieu nous dit comment nous pouvons arriver au ciel. Vous devez comprendre la Parole de Dieu dans son entièreté de manière à obtenir la vie éternelle. Inversement, un homme charnel, ne peut voir ni comprendre le monde spirituel.

C'est comme un papillon qui ne sait pas qu'il y a un ciel, tant qu'il est une larve sur la terre. C'est comme une poule qui ne connaît pas le monde extérieur tant qu'elle est dans l'œuf. C'est comme un enfant qui ne connaît rien du monde tant qu'il est dans le ventre de sa mère.

De la même manière, tant que vous êtes dans un monde charnel, vous ne connaissez rien du monde spirituel.

Dieu vous dit qu'il existe un autre monde au-delà de ce monde tridimensionnel. Tout comme une poule qui n'est pas encore née doit briser sa coquille, vous devez aussi briser votre pensée charnelle de manière à comprendre et à entrer dans le monde spirituel.

Par exemple Matthieu 6 :6 dit : *«mais toi, quand tu pries, entre dans ta chambre, ferme la porte et prie ton Père qui est dans le lieu secret, et ton Père qui voit dans le secret, te le rendra».* Si vous deviez interpréter ce verset littéralement, vous devriez toujours prier dans votre chambre. Cependant, vous ne pouvez trouver un prédécesseur de la foi priant dans sa chambre en secret.

Jésus ne priait pas dans Sa chambre mais au sommet de la montagne (Luc 6 :12) et dans un lieu solitaire le matin (Marc 1 :35).

De plus, Daniel priait trois fois par jour les fenêtres ouvertes vers Jérusalem (Daniel 6 :10) et l'apôtre Pierre priait sur le toit (Actes 10 :9).

Alors qu'est ce que cela veut dire «va dans ta chambre, ferme la porte et prie?»

Ici, la chambre spirituelle symbolise le cœur d'un homme. Ainsi, aller dans votre chambre signifie aller au-delà de vos pensées et entrer profondément dans votre cœur, tout comme lorsque vous traversez un salon ou une chambre à coucher pour entrer dans une chambre intérieure. Alors seulement, vous pourrez prier de tout votre cœur.

Lorsque vous aller dans une chambre, vous êtes isolés de l'extérieur. De la même manière, lorsque vous priez ; vous devez bloquer toutes les pensées inutiles, les soucis et les problèmes et prier de tout votre cœur.

A cause de cela, vous ne devez pas manger la chair du Fils de l'homme crue. Vous ne devez pas interpréter la parole de Dieu littéralement, mais vous devez l'interpréter spirituellement sous l'inspiration du Saint-Esprit.

## Deuxièmement, vous ne devez pas manger la Parole de Dieu bouillie dans l'eau

Que signifie «ne mangez pas la viande bouillie dans l'eau?» Cela veut dire que nous ne devons rien rajouter à la parole de Dieu, mais la manger pure.

Ce n'est pas correct de prêcher la Parole de Dieu et de la mélanger avec la politique, les histoires de société ou les paroles de personnalités admirées ou connues.

Dieu qui a créé les cieux et la terre et contrôle la vie et la mort de l'homme, les bénédictions et malédictions, Il est tout puissant et ne manque de rien.

1 Corinthiens 1 :25 dit *«car la folie de Dieu est plus sage que la sagesse des hommes et la faiblesse de Dieu est plus forte que la puissance des hommes».* Ceci est écrit afin de vous faire réaliser que même la personne la plus excellente ou sage ne peut être comparée à Dieu.

Vous ne pouvez pas prêcher tout le contenu de la Bible au cours d'une vie. Alors comment pouvez-vous mélanger les paroles des hommes avec la Parole de Dieu, lorsque vous donnez un message?

Les paroles des hommes changent avec le temps. Et même s'ils déclarent une vérité, elle a déjà été dite dans la Bible, et elle l'a été avec la sagesse de Dieu.

Pour cela, votre priorité première devrait être la Parole pure de Dieu, lorsque vous enseignez la Bible. Bien sûr, vous pouvez donner certaines paraboles comme illustration, de manière à ce que les gens puissent comprendre la parole de Dieu et les secrets de la parole spirituelle plus facilement.

Vous devez réaliser que seule la Parole de Dieu est éternelle et est la seule et complète vérité qui vous conduit à la vie éternelle. Donc vous ne devez pas manger Sa Parole bouillie dans l'eau.

## Troisièmement, vous devez manger la parole de Dieu rôtie sur le feu

Que signifie «rôti sur le feu les jambes, la tête avec les pattes et les entrailles»? Cela signifie que vous devez faire de la Parole de Dieu, la chair du Fils de l'homme, votre nourriture spirituelle, et cela en entier, sans omettre une partie.

Par exemple, certaines doutent de ce que Moïse a séparé les eaux de la mer Rouge. Certaines personnes n'essaient même pas de lire le Lévitique parce que les sacrifices de l'Ancien Testament sont difficiles à comprendre. Certains autres disent que les miracles que Jésus a accomplis sont difficiles à croire et ils pensent qu'ils n'étaient possibles qu'il y a 2.000 ans. Ils laissent de nombreuses choses qui ne sont pas en accord avec la pensée humaine et n'essaient d'en tirer que des leçons morales.

Ils ne s'intéressent même pas de garder des paroles telles que «aimez vos ennemis» ou «Abstenez-vous de toute sorte de mal», parce que ces paroles leurs semblent trop difficiles à obéir. Est-il possible pour eux d'être sauvé?

Pour cela, il ne faut pas prendre uniquement ce que vous voulez dans la Bible, comme les gens insensés. Vous devez manger toutes les paroles de la Bible rôties au feu, depuis Genèse jusqu'à Apocalypse.

Que signifie donc de manger la parole de Dieu «rôtie au feu»? Le feu ici se réfère au Saint-Esprit. Vous devez être remplis et inspirés par le Saint-Esprit lorsque vous lisez et écoutez la Parole de Dieu, parce qu'elle a été écrite sous l'inspiration du Saint-Esprit. Autrement il s'agit uniquement de connaissance et non de nourriture spirituelle.

Afin de pouvoir manger la Parole de Dieu rôtie au feu, vous devez prier de manière fervente. Les prières servent comme de l'huile pour devenir la source de la plénitude du Saint-Esprit. Si vous mangez la parole de Dieu sous l'inspiration du Saint-Esprit, elle deviendra plus douce que le miel. De plus, vous ne serez jamais fatigué, même si la prédication est longue, parce qu'elle est précieuse et que vous aimez écouter la Parole de Dieu comme une biche qui cherche un cours d'eau.

Ceci est comment manger la Parole de Dieu rôtie au four. Ce n'est qu'ainsi que vous comprendrez la Parole de Dieu, que vous en ferez votre chair et sang spirituels, que vous réaliserez et suivrez la volonté de Dieu. C'est ainsi que vous donnez naissance à l'esprit par le Saint-Esprit, grandissez dans la foi et que vous récupérez l'image perdue de Dieu en découvrant tout le devoir de l'homme.

Cependant, ceux qui mangent la Parole de Dieu avec leur propre pensée sans la rôtir sur le feu trouvent la Parole de Dieu ennuyante et ils ne peuvent s'en souvenir, parce qu'ils l'écoutent avec des pensées oisives. Ils ne peuvent ni grandir spirituellement, ni obtenir la vie véritable.

## Quatrièmement, vous ne devez pas laisser la parole de Dieu jusqu'au matin

Que signifie «n'en laissez rien jusqu'au matin, et s'il en reste, brûlez-le au feu»?

Cela signifie que vous devez manger la chair du Fils de l'homme, la Parole de Dieu pendant la nuit. Le monde dans lequel vous vivez en ce moment est un monde de ténèbres, contrôlé par le diable, et il peut être exprimé comme la nuit. Lorsque votre Seigneur reviendra, toutes les ténèbres disparaîtront et tout sera restauré ; l'aube viendra, le monde de lumière.

Pour cela «n'en laissez rien jusqu'au matin» signifie que vous devez apprendre la Parole de Dieu afin de vous préparer en tant qu'épouse de votre Seigneur, avant qu'Il ne vienne.

De plus, que le retour de votre Seigneur soit proche ou éloigné, vous ne vivrez que 70 ou 80 ans, et vous ne savez pas quand vous allez rencontrer le Seigneur. Jusqu'à ce que vous puissiez le rencontrer, vous grandissez spirituellement au point de manger la chair et de boire le sang du Fils de l'homme. Ainsi vous apprenez avec diligence la Parole de Dieu et vous grandissez spirituellement.

Si vous avez la foi des pères, en augmentant constamment la croissance de votre esprit, vous recevrez la gloire comme un soleil qui brille près du trône de Dieu dans son royaume, parce que vous connaissez Dieu qui est depuis le commencement, que vous cultivez les neuf fruits du Saint-Esprit et les béatitudes et que vous ressemblez à l'image de Dieu.

## Boire le sang du Fils de l'homme

Afin de garder la vie, vous devez manger de la nourriture en buvant de l'eau. Si vous ne buvez pas d'eau, la nourriture ne peut pas être digérée et vous mourrez. Lorsque la nourriture entre dans l'estomac mélangée à l'eau, elle est digérée, les nutriments sont absorbés et les déchets éliminés.

De la même manière, si vous ne buvez pas le sang du Fils de l'homme en mangeant Sa chair, vous ne pourrez pas la digérer. Pour cela vous ne pouvez atteindre la vie éternelle que si vous buvez le sang du Fils de l'homme et que vous mangez la chair du Fils de l'homme.

«Boire le sang du Fils de l'homme» est le fait de mettre la Parole de Dieu en action par la foi. Lorsque vous lisez la Parole de Dieu, il est très important d'agir selon cette Parole, et c'est cela la foi. Si vous n'agissez pas selon la Parole de Dieu après l'avoir écoutée et connue, il est inutile de l'écouter.

De la même manière que les nutriments sont absorbés et les déchets éliminés, lorsque vous digérez la Parole de Dieu, la vérité est absorbée et le mensonge éliminé, lorsque vous agissez selon la Parole de Dieu, afin de purifier vos cœurs sales.

Que sont alors les «vérités absorbées» et les «mensonges éliminés»? Admettons que vous avez entendu la Parole de Dieu «ne vous haïssez pas, mais aimez vous les uns les autres». Si vous en faites votre nourriture et agissez selon cette parole, le nutriment appelé amour sera absorbé et le déchet appelé haine sera éliminé. Votre cœur devient automatiquement plus pur et rempli de vérité, en éliminant les pensées mauvaises et sales.

## Pratiquer la Parole de Dieu après l'avoir écoutée

Cependant, si vous n'agissez pas selon la Parole de Dieu, vous ne buvez pas le sang du Fils de l'homme, et à cause de cela, la Parole de Dieu reste une portion de connaissance dans votre tête et vous ne pouvez être sauvés si vous ne vivez pas conformément à elle.

Boire le sang du Fils de l'homme, agir selon la Parole de Dieu ne peuvent se faire par un effort humain uniquement. Vous devriez avoir la volonté et faire l'effort d'agir selon Sa parole, et ensuite recevoir la grâce de Dieu, sa puissance et l'aide du Saint-Esprit par de prières ferventes.

Si vous pouviez vous débarrasser du péché par vos propres efforts, Jésus ne devait pas être crucifié et Dieu ne devait pas envoyer le Saint-Esprit.

Jésus-Christ a été crucifié pour le pardon de vos péchés parce que vous ne pouvez pas résoudre le problème du péché par vous-mêmes, et Dieu a envoyé le Saint-Esprit pour vous aider à transformer votre mauvais cœur en un cœur pur.

Le Saint-Esprit, l'Esprit de Dieu, aide les enfants de Dieu à vivre dans la justice et la vérité. Pour cela, avec l'aide du Saint-Esprit, les enfants de Dieu devraient vivre en accord avec la Parole de Dieu en se débarrassant de leurs péchés et en recevant l'amour et la bénédiction de Dieu.

# Le pardon uniquement en marchant dans la Lumière

Dire que vous mangez la chair et buvez le sang du Fils de l'homme signifie que vous agissez dans la lumière, selon la Parole de Dieu. Alors à quelles œuvres se réfère-t-elle? Vous devez agir dans la lumière. Vous abandonnez les ténèbres et vivez dans la lumière lorsque vous mangez la chair du Fils de l'homme, la digérez et remplissez votre cœur de la vérité. Lorsque vous agissez dans la lumière, le sang de l'Agneau lave vos péchés du passé, du présent et du futur.

Même si vous avez des péchés qui n'ont pas encore été enlevés, lorsque vous vous repentez de tout votre cœur devant Dieu, vos péchés peuvent être pardonnés par la grâce de Dieu. Ceux qui croient véritablement en Dieu et essaient d'accomplir la justice dans leur cœur, ne sont plus des pécheurs, mais des hommes justes, et ils peuvent être sauvés et obtenir la vie éternelle.

## Dieu est lumière

1 Jean 1 :5 dit que *«la nouvelle que nous avons apprise de Lui et que nous vous annonçons, c'est que Dieu est lumière et qu'il n'y a point en Lui de ténèbres».*

L'apôtre Jean, qui a écrit 1 Jean, a été enseigné directement par Jésus, qui était venu dans ce monde pour devenir la lumière de ce monde et le chemin vers Dieu.

C'est pourquoi, il dit à propos de Jésus dans Jean 1 :4-5 «*en elle était la vie et la vie était la lumière des hommes. La lumière luit dans les ténèbres, et les ténèbres ne l'ont point reçue*». Jésus a déclaré Lui-même «*Je suis le chemin, la vérité et la vie. Personne ne peut venir au Père si ce n'est par Moi*» (Jean 14 :6).

C'est pour cela que les disciples de Jésus témoignaient du fait que «Dieu est lumière» au travers de Jésus, et le message qu'ils vous ont déclaré est que «Dieu est lumière».

## Spirituellement, lumière signifie vérité

Mais alors, qu'est-ce que la lumière? Spirituellement, cela signifie vérité et vérité est le contraire de ténèbres.

Dieu nous dit dans Ephésiens 5 :8 «*autrefois vous étiez ténèbres et maintenant vous êtes lumière, dans le Seigneur. Marchez comme des enfants de lumière*». Ceux qui entendent le message que «Dieu est lumière» et apprennent la vérité de Dieu peuvent briller et éclairer ce monde, de la manière dont la lumière chasse les ténèbres.

Les enfants de lumière qui agissent selon la vérité, portent du fruit de lumière. C'est pourquoi il est écrit dans Ephésiens 5 :9 «*car le fruit de la lumière consiste en toute sorte de bonté, de justice et de vérité*». L'amour spirituel décrit dans 1 Corinthiens 13, et le fruit du Saint-Esprit, tel que amour, joie, paix, patience, bonté, bénignité, fidélité, douceur, et tempérance, sont les fruits de lumière.

Pour cela la lumière se réfère à toute parole de vérité

concernant la bonté, la justice et l'amour, tel que «aimez vous les uns les autres, priez, observez le sabbat, observez les commandements», que Dieu vous enseigne dans la Bible.

## Ténèbres signifie spirituellement le péché

Ténèbres se réfère à un état où il n'y a pas de lumière, et signifie spirituellement péché.

Toutes choses mensongères qui sont le contraire de la vérité sont pareilles à celles décrites dans Romains 1 :29-30 *«injustice, méchanceté, cupidité, malice, envie, meurtre, querelle, ruse, malignité, rapporteur, médisant, impie, arrogant, hautain, fanfaron, ingénieux au mal, rebelles à leurs parents».* Tout cela représente les ténèbres.

La Bible vous dit d'abandonner toutes choses qui appartiennent aux ténèbres, telles que le vol, le meurtre, l'adultère et toute espèce de mal.

D'une part, certaines personnes affirment être des enfants de Dieu, même s'ils n'obéissent pas à ce que Dieu leur dit de faire ou de garder, mais au contraire ils font ce que Dieu leur dit de ne pas faire et de rejeter. Ces ténèbres sont contrôlées par l'ennemi Satan et le diable et elles appartiennent à ce monde, donc elles ne peuvent cohabiter avec la lumière. C'est pour cela que ceux qui vivent dans les ténèbres haïssent la lumière et vivent loin d'elle.

D'autre part, les véritables enfants de Dieu, qui sont lumière et dans lesquels il n'y a point de ténèbres, devraient rejeter les ténèbres et marcher dans la lumière. Alors seulement vous pouvez communiquer avec Dieu et tout ira bien dans votre vie.

## L'évidence d'une communion avec Dieu

Il y a généralement une très étroite communion, basée sur l'amour entre des parents et leurs enfants. De la même manière il est évident pour vous – qui croyez en Jésus-Christ – d'avoir une communion avec Dieu qui est le Père de votre esprit (1 Jean 1 :3).

Communion ne signifie ici pas uniquement le fait de connaître l'autre, mais chacun des deux qui connaît parfaitement l'autre. Vous ne pouvez pas dire que vous avez une communion avec le Président parce que vous savez beaucoup de choses sur lui. C'est pareil en ce qui concerne votre communion avec Dieu. Si vous voulez une véritable communion avec Dieu, vous devez le connaître de la même manière où Lui vous connaît et vous reconnaît.

1 Jean 1 :6-7 dit *«si nous disons que nous sommes en communion avec Lui, et que nous marchons dans les ténèbres, nous mentons et nous ne pratiquons pas la vérité. Mais si nous marchons dans la lumière, comme Il est Lui-même dans la lumière, nous sommes mutuellement en communion, et le sang de Jésus, Son Fils, nous purifie de tout péché».*

Cela signifie que vous n'avez une communion avec Dieu que lorsque vous vous débarrassez du péché et agissez dans la lumière. Si vous prétendez que vous avec une communion avec Dieu, alors que vous agissez et vivez encore dans les ténèbres, c'est un mensonge.

Avoir une communion avec Dieu signifie avoir une communion spirituelle et véritable, et pas seulement avoir une relation profane parce que vous ne le connaissez que de manière intellectuelle. Vous devez être vous-même lumière pour pouvoir avoir une communion avec Dieu, parce qu'Il est lumière. Le Saint-Esprit, le cœur de Dieu vous enseigne clairement la volonté de Dieu de manière à ce que vous demeuriez dans la vérité et que vous puissiez avoir une plus étroite communication avec Dieu, lorsque vous lisez Sa Parole ou priez.

## Si vous marchez dans les ténèbres

Vous mentez lorsque vous déclarez avoir une communion avec Dieu tout en marchant dans les ténèbres en commettant des péchés. Vous ne marchez pas dans la vérité, et vous irez en fin de compte sur le chemin de la mort.

Dans 1 Samuel 2, les fils d'Eli, le sacrificateur agissaient mal et commettaient des péchés. Il aurait du les punir, mais Eli se contenta de les prévenir «pourquoi faites vous de telles choses? Vous ne devriez pas faire cela.»

Finalement, la colère de Dieu est tombée sur eux. Les deux fils d'Eli le sacrificateur moururent au combat, et Eli tomba de sa chaise à côté du pont, et il se rompit le cou et mourut. La colère de Dieu est tombée sur sa descendance également (1 Samuel 2 :27-36, 4 :11-22).

Pour cela, comme cela est dit dans Ephésiens 5 :11-13 *«et ne prenez point part aux œuvres infructueuses des ténèbres, mais plutôt condamnez-les. Car il est honteux de dire ce qu'ils font en secret, mais tout ce qui est réprouvé apparaît en pleine lumière, car tout ce qui est ainsi manifesté est lumière».*

S'il y a quelqu'un qui proclame avoir une communion avec Dieu et qui ne marche pas dans la lumière, vous devez le conseiller avec amour. S'il ne vient toujours pas à la lumière vous devez le supplier de venir à la lumière afin qu'il ne prenne pas le chemin de la mort.

## Le pardon en marchant dans la lumière

Il y a une loi dans ce monde et si quelqu'un la viole, il sera puni selon l'importance de son forfait. Cependant, il ne peut s'empêcher de se sentir coupable dans sa conscience, parce que le dommage a déjà été causé, même s'il en a payé prix et qu'il a été puni pour ce qu'il a fait.

De la même manière, vous avez toujours la nature pécheresse dans votre cœur même si vous avez accepté Jésus-Christ, que vos péchés ont été pardonnés et que vous avez été déclaré juste. C'est pourquoi Dieu vous recommande de circoncire vos cœurs afin que vous ne vous sentiez plus coupables dans votre conscience.

Comme il est écrit dans Jérémie 4 :4 *«circoncisez-vous pour l'Eternel, circoncisez vos cœurs, hommes de Juda et habitants de Jérusalem»,* la circoncision du cœur signifie enlever la peau de votre cœur.

Enlever la peau de votre cœur signifie de suivre ce que Dieu dit dans la Bible, tels que «fais», «ne fais pas», «garde» ou «débarrasse-toi de». En d'autres termes cela signifie de vous débarrasser de tout ce qui est en opposition avec la Parole de Dieu, tels que le mensonge, le mal, l'injustice, l'immoralité et les ténèbres, de libérer votre cœur de ces choses et de le remplir avec la vérité.

Pour cela vous devez rechercher avec diligence de faire de la Parole de Dieu votre nourriture, d'absorber les nutriments en agissant selon eux, et d'éliminer les déchets du mal et du mensonge qui appartiennent aux ténèbres. Lorsque vous circoncisez vos cœurs, vous pouvez grandir spirituellement.

Lorsque vous devenez un homme spirituel et fidèle, éliminant le mal et le péché comme des déchets, vous avez une communion avec Dieu, alors, le sang de Jésus-Christ peut laver vos péchés parce que vous avez cette communion.

Ainsi, vous ne devriez pas seulement accepter Jésus-Christ et être déclaré juste, mais vous devez être transformé en un homme juste en mangeant la chair et en buvant le sang du Fils de l'homme et en circoncisant votre cœur.

## La foi en action est la vraie foi

A votre grande surprise, vous pouvez voir beaucoup de gens qui ne comprennent pas vraiment la signification de la foi. Certains disent «pourquoi ne pas simplement aller à l'église? Vous pouvez toujours être sauvé.»

Si vous écoutez la Parole de Dieu et que vous la connaissez, mais que vous ne la mettez pas en pratique, vous avez la foi sous une forme de connaissance dans votre tête, mais pas la vraie foi. Vous ne pouvez être sauvé de cette manière. Quelle est la foi que Dieu reconnaît? Comment pouvez-vous être sauvé par la foi?

## La vraie repentance nécessite de se détourner du péché

1 Jean 1 :8-9 dit que *«si nous disons que nous sommes sans péché, nous nous séduisons nous-mêmes et la vérité n'est pas en nous. Si nous confessons nos péchés, Il est fidèle et juste pour nous pardonner et pour nous justifier de toute iniquité»*.

Que signifie confesser ses péchés?

Supposons que Dieu vous dise «aller vers l'est, c'est le chemin de la vie éternelle et Ma volonté, donc, allez à l'est». Cependant, si vous persistez à marcher vers l'ouest en disant «Dieu, je devrais aller à l'est, c'est pourquoi pardonne-moi», ceci n'est pas une confession. Ceci n'est pas croire en Dieu ou le craindre. C'est plutôt se moquer de Lui. La véritable repentance ne consiste pas uniquement à confesser vos péchés avec vos lèvres mais aussi de vous détourner complètement de vos péchés dans vos actes. Alors seulement, Dieu le considère comme une vraie repentance et Il peut vous pardonner.

De la même manière où vous mourrez si vous ne prenez aucune nourriture, sachant que vous devez manger pour vivre, vous ne serez pas lavé par le sang de Jésus si vous vous contentez de confesser vos péchés de vos lèvres, sans vous en détourner.

## La foi sans les œuvres est une foi morte

Dans Jacques 2 :22, il est écrit *«tu vois que la foi agissait avec ses œuvres et que par les œuvres, la foi fut rendue parfaite»*. Le verset 26 continue en disant *«comme le corps sans l'esprit est mort, de même la foi sans les œuvres est morte».*

Beaucoup de gens vont à l'église parce qu'ils ont entendu qu'il y a le ciel et la terre. Cependant, parce qu'ils ne croient pas véritablement à ce fait dans leur cœur, les œuvres ne suivent pas.

Ceci est une foi de connaissance, et une foi morte.

De plus, si vous confessez de vos lèvres que vous croyez alors que vous vivez toujours dans le péché, comment pouvez-vous dire que vous avez la foi? La Bible dit que le péché commis consciemment est pire que le péché commis inconsciemment.

Lorsque vous confessez «je crois» sans les œuvres, vous pouvez penser que vous avez la foi, mais Dieu ne reconnaît pas cela comme la vraie foi.

Les israélites qui sont sortis d'Egypte ont expérimenté de multiples œuvres de Dieu. Dieu a partagé la mer Rouge, leur a donné la manne et les cailles, et Il les a protégé avec la colonne de nuée la journée et la colonne de feu la nuit.

Cependant, lorsque Dieu leur a demandé d'espionner le pays, seuls Josué et Caleb ont cru à la Parole et à la puissance de Dieu. Le résultat fut que tous ces israélites qui n'ont pas obéi à Dieu parce que leur foi n'était pas assez forte pour entrer en Canaan, ont connu 40 années d'épreuves dans le désert et y sont finalement morts.

Vous devez réaliser que votre foi est inutile si vous n'agissez pas selon la Parole de Dieu, et cela même si vous avez expérimenté et témoigné de tellement d'œuvres de Dieu. La foi est accomplie dans les œuvres.

## Seuls ceux qui gardent la loi sont déclarés justes

Dieu nous dit dans Romains 2 :13 que *«ce ne sont pas en effet ceux qui écoutent la loi qui sont justes devant Dieu, mais ce sont ceux qui la mettent en pratique qui seront justifiés»*.

Vous n'êtes pas justes simplement parce que vous assistez au culte et écoutez les messages. Vous ne devenez justes que lorsque votre cœur mensonger change en un cœur pur en mettant en pratique la Parole de Dieu.

Certains disent que vous pouvez être sauvé simplement en appelant Jésus-Christ «Seigneur» avec vos lèvres, mais ainsi ils ont mal compris Romains 10 :13 *«quiconque invoquera le Nom du Seigneur sera sauvé»*. Cependant, ceci est totalement faux. Comme il est écrit dans Esaïe 34 :16 *«consultez le livre de l'Eternel et lisez! Aucun d'eux ne fera défaut, ni l'un ni l'autre ne manqueront, car Sa bouche l'a ordonné, c'est Son Esprit qui les rassemblera»*. La parole de Dieu a son répondant et elle ne devient parfaite que lorsqu'elle est interprétée par ce répondant.

Romains 10 :9-10 dit *«si tu confesses de ta bouche le Seigneur Jésus-Christ et si tu crois dans ton cœur que Dieu l'a ressuscité des morts, tu seras sauvé, car c'est en croyant du cœur qu'on parvient à la justice et c'est en confessant de la bouche qu'on parvient au salut»*.

Seuls ceux qui croient véritablement dans leur cœur que Jésus est ressuscité des morts peuvent confirmer la confession de leur bouche, parce qu'ils vivent selon la Parole de Dieu. Ils seront sauvés et deviendront progressivement justes, lorsqu'ils confesseront avec cette foi véritable, mais ceux qui ne confessent pas avec cette foi ne peuvent être sauvés.

C'est pourquoi Jésus a dit dans Matthieu 13 :49-50 *«il en sera de même à la fin du monde, les anges viendront séparer les méchants d'avec les justes et ils les jetteront dans la fournaise ardente où il y aura des pleurs et des grincements de dents».*

Ici les «justes» se réfèrent à tous ceux qui ont reconnu Dieu et proclament avoir la foi. «Séparer les méchants des justes» signifie que ceux qui n'agissent pas selon la Parole de Dieu ne peuvent pas être sauvés, et cela même s'ils fréquentent l'église et mènent des vies chrétiennes.

## Dieu désire vraiment la circoncision du cœur

Dieu veut que Ses enfants soient saints et parfaits. C'est pourquoi, il nous dit dans 1 Pierre 1 :15 *«mais puisque, Celui qui vous a appelé est saint, vous aussi soyez saints dans toute votre conduite»,* et dans Matthieu 5 :48 *«soyez parfaits comme votre Père céleste est parfait».*

Au temps de l'Ancien Testament, les gens étaient sauvés par des œuvres comme la représentation des choses à venir, mais au temps du Nouveau Testament, étant donné que Jésus a accompli toute la loi par amour, vous êtes sauvés par la foi.

«Etre sauvé par les œuvres» signifie que si même si vous avez un cœur mauvais par exemple pour le meurtre, ou la haine, ou pour commettre l'adultère, mentir et ainsi de suite, ce n'est pas considéré comme péché, tant que vous n'êtes pas passé à l'acte.

Dieu n'a pas condamné le peuple tant qu'ils n'ont pas accompli des actes répréhensibles, parce qu'ils ne pouvaient pas chasser leurs péchés par eux-mêmes sans le Saint-Esprit au temps de l'Ancien Testament. Cependant, au temps du Nouveau Testament, vous êtes sauvé uniquement lorsque vous circoncisez votre cœur dans la foi, avec l'aide du Saint-Esprit, parce qu'Il est venu vers vous. Le Saint-Esprit permet que vous soyez conscients de la différence entre le péché, la justice et le jugement, et vous permet de vivre en accord ave la Parole de Dieu. Pour cela vous pouvez vous débarrasser de la contrevérité et circoncire vos cœurs avec l'aide du Saint-Esprit.

Vous devez réaliser que Dieu vous demande réellement de circoncire vos cœurs, de vous débarrasser des péchés, d'être saints, et de participer à la nature divine. L'apôtre Paul connaissait cette volonté de Dieu et a parlé de la circoncision du cœur et non de celle de la chair (Romains 2 :28-29). Il vous conseille de résister même jusqu'au point de verser votre sang dans le combat contre le péché, ayant vos yeux fixés sur Jésus, le créateur et le consommateur de votre foi (Hébreux 12 :1-4).

J'espère que vous puissiez avoir la foi véritable, accompagnée par les œuvres en sachant que vous ne pouvez pas entrer au ciel en vous contentant de crier «Seigneur, Seigneur», mais uniquement en marchant dans la lumière et en circoncisant votre cœur.

Chapitre 9

# NAÎTRE D'EAU ET D'ESPRIT

- Nicodème vient à Jésus
- Jésus aide à la compréhension s
  pirituelle de Nicodème
- Quand on est né d'eau et d'Esprit
- Trois témoignent : l'Esprit,
  l'eau et le sang

*Mails il y eut un homme d'entre les pharisiens nommé Nicodème, un chef des juifs qui vint auprès de Jésus, de nuit et lui dit : Rabbi, nous savons que tu es un docteur venu de Dieu ; car personne ne peut faire les miracles que tu fais, si Dieu n'est avec lui. Jésus lui répondit : en vérité, en vérité je te le dis, si un homme ne naît de nouveau, il ne peut voir le royaume de Dieu. Nicodème lui dit : comment un homme peut-il naître quand il est vieux? Peut-il rentrer dans le sein de sa mère et naître? Jésus répondit : en vérité, en vérité, je te le dis, si un homme ne naît d'eau et d'esprit, il ne peut entrer dans le royaume de Dieu.*

Jean 3 :1-5

Dieu a envoyé Jésus-Christ, son Fils unique, et a ouvert le chemin du salut. Quiconque l'accepte reçoit le droit de devenir un enfant de Dieu, et peut vivre une vie de bénédictions et une vie éternelle, maintenant et à jamais. Cependant, de nos jours, nous voyons que beaucoup de gens n'ont pas cette assurance du salut, et cela malgré le fait qu'ils ont reçu Jésus-Christ. De plus, certains affirment le fait d'avoir reçu le salut, mais manquent de foi pour être sauvés, ou certains autres affirment être sauvés parce qu'il fut un temps où ils ont reçu le Saint-Esprit, mais ils ne se sont plus souciés de leurs œuvres par après.

Maintenant, afin de conclure le message de la croix, soyons clairs sur la manière d'atteindre le salut parfait à partir du moment où vous avez reçu Jésus au travers de l'histoire de Nicodème.

## Nicodème vient à Jésus

Au temps de Jésus, les Pharisiens avaient une grande considération pour la Loi de Moïse, et s'attachaient à la tradition des anciens. Ils étaient les leaders religieux parmi les israélites choisis qui croyaient en la souveraineté de Dieu, la résurrection, les anges, le Jugement final et le Messie à venir.

Cependant, Jésus s'opposa à eux à de nombreuses reprises, en disant «malheur à vous pharisiens». Eux, en tant qu'hypocrites apparaissaient au peuple saints de l'extérieur mais en dedans, ils étaient pleins de rapines et d'intempérance, tels des sépulcres blanchis. (Matthieu 23 :25-36).

## Nicodème avait un bon cœur

Nicodème était l'un des Pharisiens qui faisait partie du conseil juif appelé Sanhédrin. Cependant, il ne persécutait pas Jésus contrairement aux autres Pharisiens. Au contraire, il avait cru que Jésus venait de Dieu, en voyant les miracles et les signes accomplis par Jésus. Nicodème voulait savoir qui était Jésus, parce qu'il avait un bon cœur.

Dans Jean 7 :51, Nicodème, pour défendre Jésus, demande aux Pharisiens qui voulaient s'emparer de Jésus *«notre loi condamne-t-elle un homme avant qu'on l'entende et qu'on sache ce qu'il a fait?»*

Ce ne devait pas être facile de parler de telle manière en tant que membre du Sanhédrin à cette époque. Même de nos jours, si un gouvernement décide de mettre la chrétienté hors la loi ou de la décourager, des officiels ne peuvent pas parler en faveur de la chrétienté. De même, en ce temps-là, les israélites considéraient toute religion autre que le Judaïsme comme fausse. Nicodème savait qu'il pouvait être excommunié s'il prenait position pour Jésus.

Malgré cela, Nicodème a défendu Jésus. Cela prouve qu'il

était fidèle et qu'il a tenu ferme dans sa foi en Jésus.

Jean 19 :39-40 nous décrit une scène qui se passe immédiatement après la mort de Jésus à la croix :

> *Nicodème, qui auparavant était allé de nuit vers Jésus, vint aussi, apportant un mélange d'environ cent livres de myrrhe et d'aloès. Ils prirent donc le corps de Jésus, et l'enveloppèrent de bandes, avec les aromates, comme c'est la coutume d'ensevelir les juifs.*

Pour cela, Nicodème a cru que Jésus était un homme de Dieu, l'a servi sans changer, même après Sa crucifixion, et a gagné son salut par la foi en Sa résurrection.

## Nicodème vient à Jésus

Dans Jean 3, il y a un dialogue entre Jésus et Nicodème, avant qu'il ne comprenne la vérité en esprit.

Une nuit, Nicodème vint vers Jésus et confessa *«Rabbi, nous savons que tu es un docteur venu de Dieu ; car personne ne peut faire les miracles que tu fais, si Dieu n'est avec Lui»* (Jean 3:2).

Nicodème au début ne savait pas que Jésus était le Messie et le Fils de Dieu. Cependant, après qu'il eut confessé les miracles de Jésus, Nicodème réalisa et confessa que Jésus était un homme de Dieu, parce qu'il avait une bonne conscience, il savait que seul le Dieu Tout Puissant pouvait ressusciter les morts, ouvrir les yeux des aveugles, faire marcher les paralytiques et purifier les lépreux.

Alors, pourquoi est-il venu vers Jésus la nuit? Il était comme ceux qui ne veulent pas assister ouvertement au service, parce qu'ils n'ont pas confiance en Dieu le Créateur.

Malgré que Nicodème ait un bon cœur, il n'avait pas la vraie foi. Il n'avait pas confiance en Jésus en tant que Fils de Dieu et le Messie, c'est pourquoi il ne rendit pas ouvertement visite à Jésus en plein jour, mais il le fit de nuit.

## Jésus aide à la compréhension spirituelle de Nicodème

Jésus dit à Nicodème *«en vérité, en vérité je te le dis, si un homme ne naît de nouveau, il ne peut voir le royaume de Dieu».* (Jean 3 :3).

Cependant, Nicodème ne pouvait pas comprendre cela du tout. Alors, il demanda à nouveau «comment un homme peut-il naître quand il est vieux?» Il n'avait pas de foi spirituelle, c'est pourquoi il s'étonna «un vieil homme meurt et retourne à la terre, alors comment peut-il naître de nouveau?».

Alors Jésus lui parla de la naissance d'eau et d'Esprit *«en vérité, en vérité, je te le dis, si un homme ne naît d'eau et d'esprit, il ne peut entrer dans le royaume de Dieu. Ce qui est né de la chair est chair et ce qui est né de l'Esprit est esprit»* (Jean 3 :5-6).

Lorsque Nicodème devint curieux au sujet de ce que Jésus lui avait dit, Il lui expliqua par une parabole *«le vent souffle où il veut et tu en entends le bruit, mais tu ne sais d'où il vient, ni où il va»* (Jean 3 :8).

Après la désobéissance d'Adam, l'esprit de tous les hommes est mort et tout le monde par la suite, était destiné à mourir. Cependant, l'esprit de l'homme revit après être né du Saint-Esprit. Tandis qu'il devient spirituel, l'image de Dieu en lui est restaurée et il est sauvé. Cependant Nicodème ne comprenait toujours pas ce que Jésus voulait dire (Jean 3 :9).

C'est pourquoi, il demanda «comment est-ce possible?», et Jésus répondit :

> *Si vous ne croyez pas quand je vous ai parlé des choses terrestres, comment croirez-vous quand je vous parlerai des choses célestes? Personne n'est monté au ciel, si ce n'est celui qui est descendu du ciel, le Fiel de l'homme, qui est dans le ciel. Et comme Moïse éleva le serpent dans le désert, il faut de même que le Fils de l'homme soit élevé, afin que quiconque croit en Lui ait la vie éternelle. (Jean 3 :12-15)*

Dans Nombres 21 :4-9, les israélites qui ont été conduits hors d'Egypte ont murmuré contre Moïse parce que leur voyage vers Canaan devenait de plus en plus lourd à supporter. Alors Dieu a détourné Sa face et a envoyé des serpents vénéneux qui les ont mordus.

Comme ils appelaient à l'aide, Dieu demanda à Moïse de fabriquer un serpent d'airain et de l'élever sur une perche. Dieu sauva quiconque le regarda, mais des gens têtus moururent parce que par incrédulité, ils ne voulurent pas le regarder.

## Pour comprendre la parole de Dieu spirituellement

Pourquoi Dieu a-t-il ordonné de fabriquer un serpent en airain et de le mettre sur une perche? Depuis Genèse 3 :14, nous savons que le serpent était maudit. De plus, Galates 3 :13 dit *«maudit est quiconque qui est pendu sur le bois»*.

Pour cela, placer un serpent d'airain sur une perche symbolise le fait que Jésus serait pendu sur une croix de bois, tel un serpent maudit, afin de nous racheter. De plus, de la même manière que quiconque regardait le serpent d'airain vivait ; quiconque croit en Jésus est sauvé.

Nicodème ne pouvait pas comprendre la signification de la Parole de Dieu, parce qu'il n'était pas encore né d'eau et d'Esprit, et que ses yeux spirituels n'étaient pas encore ouverts.

Même aujourd'hui, à moins que vous ne soyez nés d'eau et d'Esprit et que vos yeux spirituels soient ouverts, vous ne pouvez comprendre la signification d'un message spirituel, parce que vous pourriez le prendre littéralement et mal le comprendre.

Vous devez prier de manière fervente de manière à comprendre la signification spirituelle de la Parole de Dieu par l'inspiration du Saint-Esprit. Alors le Dieu de grâce ouvrira votre cœur, vous pourrez comprendre la Parole de Dieu et avoir la vraie foi.

# Quand on est né d'eau et d'Esprit

Jésus a dit à Nicodème lorsqu'il le visita la nuit *«en vérité, en vérité, je te le dis, si un homme ne naît d'eau et d'esprit, il ne peut entrer dans le royaume de Dieu. Ce qui est né de la chair est chair et ce qui est né de l'Esprit est esprit»* (Jean 3 :5-6).

Soyons clairs à propos de la signification d'être né d'eau et d'Esprit. Comment pouvez-vous être né d'eau et d'Esprit et recevoir votre salut ?

## L'eau symbolise l'eau de la vie éternelle

L'eau soulage votre soif et irrigue les organes internes du corps. Elle nettoie aussi votre corps à l'intérieur et à l'extérieur.

Donc, Jésus a comparé l'eau de la vie éternelle à l'eau physique, afin de montrer qu'elle nettoie et apporte la vie.

Jésus nous dit dans Jean 4 :14 *«mais celui qui boira de l'eau que Je lui donnerai n'aura jamais soif, et l'eau que Je lui donnerai deviendra en lui une source d'eau qui jaillira jusque dans la vie éternelle».*

Si vous buvez de l'eau vous n'avez plus soif pour un temps, mais vous aurez à nouveau soif à un moment donné. L'eau dans cette Parole signifie l'eau éternelle. Quiconque boit de l'eau que Jésus donne n'aura plus jamais soif. En fait, «une source d'eau qui jaillit jusque dans la vie éternelle» vous donne la vie.

Jean 6 :54-55 dit *«celui qui mange Ma chair et qui boit Mon sang a la vie éternelle, et Je le ressusciterai au dernier jour, car Ma chair est vraiment une nourriture et Mon sang est vraiment, un breuvage».* La chair et le sang de Jésus sont l'eau éternelle.

De plus, Sa «chair» se réfère à la Parole de la Bible, parce que Jésus est la Parole qui est venue dans ce monde en chair. Le fait de manger Sa chair signifie de garder Sa Parole dans votre cœur en lisant la Bible.

Le sang de Jésus est vie, et la vie est la vérité. La vérité est Jésus-Christ et Christ est la Puissance de Dieu. Tout ceci constitue le sang de Jésus. Puisque la puissance de Dieu vient par la foi, boire le sang de Jésus signifie d'obéir à Sa parole par la foi.

Vous avez appris que l'eau symbolise spirituellement la chair de Jésus – qui est la Parole de Dieu et l'Agneau de Dieu. De la même manière que l'eau nettoie votre corps, la Parole de Dieu nettoie les mauvaises choses de votre cœur.

C'est la raison pour laquelle vous êtes baptisés d'eau dans l'église, et le baptême symbolise que vous êtes devenu un enfant de Dieu et que vos péchés ont été pardonnés. De plus, cela signifie que vous devez méditer chaque jour la parole de Dieu afin d'être lavé par elle.

## Né de nouveau d'eau

Comment alors, pouvez-vous laver la saleté de votre cœur par la Parole de Dieu qui est l'eau éternelle?

Il y a quatre types de commandements que Dieu vous donne : «fais», «ne fais pas», «garde quelque chose» et «abandonne quelque chose». Par exemple, Dieu vous a dit de ne pas pratiquer des choses telles que l'envie, la haine, le jugement, le vol, l'adultère et le meurtre.

De même, vous ne devez pas faire ce qui est interdit et en même temps chasser toute espèce de mal. Vous devez aussi respecter le Sabbat, évangéliser, prier, et vous aimer les uns les autres. Votre cœur sera ainsi graduellement rempli de la vérité avec l'aide du Saint-Esprit et la Parole de Dieu va laver votre injustice ou votre péché. De cette manière, votre cœur peut être circoncis et transformé dans la vérité en agissant en conformité avec la Parole de Dieu et c'est cela être né d'eau.

Pour cela, afin de recevoir le plein salut, vous ne devez pas seulement recevoir Jésus, mais aussi circoncire vos cœurs en obéissant à la Parole de Dieu chaque jour de votre vie.

## Né de nouveau en Esprit

Pour recevoir le salut vous devez être né d'eau, mais aussi d'Esprit. Comment être né d'Esprit? Dans Actes 19 :2, l'apôtre Paul demande à quelques disciples *«avez-vous reçu le Saint-Esprit quand vous avez cru?»* Que signifie recevoir le Saint-Esprit?

Le premier homme Adam a été formé d'un «esprit», d'une «âme» et d'un «corps» (1 Thessaloniciens 5 :23), mais son esprit est mort à cause de la désobéissance. Dès lors, il devint une créature qui n'est pas meilleure qu'un animal formé d'une âme et d'un corps (Ecclésiaste 3 :18).

Si vous vous repentez de vos péchés, en reconnaissant que vous êtes pécheurs, Dieu vous donne le Saint-Esprit comme un don en tant que garant de ce que vous êtes Son enfant (Actes 2

:38).

Tous les enfants de Dieu qui ont reçu le Saint-Esprit, sont capables de discerner entre le bien et le mal par la Parole de Dieu, et de vivre selon cette Parole de Dieu par la puissance et la force du ciel, au moyen de leur prière fervente et persévérante.

De cette manière, vous êtes transformé par la vérité et vous avez la foi spirituelle au point de donner naissance à l'esprit au travers du Saint-Esprit. Dans Jean 3 :6, il est écrit *«ce qui est né de la chair est chair et ce qui est né de l'Esprit est esprit»*, et Jean 6 :63 observe que *«c'est l'Esprit qui vivifie, la chair ne sert de rien»*.

## Devenir un homme spirituel en suivant le Saint-Esprit

Lorsque vous êtes né d'eau et du Saint-Esprit, vous obtenez une citoyenneté au ciel (Philippiens 3 :20). En tant qu'enfant de Dieu, vous assistez à des cultes d'adoration, vous le louez avec joie, et vous vous battez pour vivre dans la lumière.

Avant de recevoir le Saint-Esprit, vous viviez dans les ténèbres, parce que vous ne connaissiez pas la vérité. Cependant, après avoir reçu le Saint-Esprit, vous essayez de vivre dans la lumière.

Tandis que le temps passe, vous vous rendez compte que tout en ayant de la joie dans votre cœur, vous subissez un combat permanent à l'intérieur. C'est parce que la loi de l'Esprit qui suit les désirs du Saint-Esprit combat la nature pécheresse qui a suivi la nature de l'homme pécheur, la convoitise des yeux et l'orgueil de la vie (1 Jean 2 :16).

L'apôtre Paul parle de ce combat *«Car je prends plaisir à la loi de Dieu, selon l'homme intérieur ; mais je vois dans mes membres, une autre loi qui lutte contre la loi de mon entendement et qui me rend captif de la loi du péché qui est dans mes membres. Misérable que je suis, qui me libérera de ce corps de mort?»* (Romains 7 :22-24).

Lorsque vous êtes né d'eau et d'Esprit, vous êtes simplement devenu enfant de Dieu. Cela ne veut pas dire que vous êtes une personne spirituellement parfaite.

C'est pourquoi Galates 5 :16-17 nous dit *«je dis donc : marchez selon l'Esprit et vous n'accomplirez pas les désirs de la chair. Car la chair a des désirs contraires à ceux de l'Esprit et l'Esprit en a de contraires à ceux de la chair ; ils sont opposés entre eux, afin que vous ne fassiez point ce que vous voudriez».*

Afin de suivre le Saint-Esprit, vous devez vivre en conformité avec la Parole de Dieu et accomplir la volonté de Dieu, ce qui Lui est acceptable et agréable. Donc, si vous suivez les désirs de l'Esprit, vous ne serez pas tentés et vous serez en mesure de vaincre l'ennemi Satan qui vous tente afin que vous suiviez les désirs de la nature pécheresse. Vous pouvez vivre selon la vérité et vous consacrer fidèlement au royaume de Dieu et à Sa justice.

Lorsque vous suivez les désirs du Saint-Esprit, vous êtes dans la joie et la paix. Cependant, vous serez tourmentés et chargés lorsque vous suivez les désirs de la nature pécheresse.

Tandis que votre foi grandit, vous pouvez chasser vos péchés et suivre les désirs du Saint-Esprit dans tous les domaines. Les désirs en vous qui veulent suivre la nature pécheresse vont disparaître. De plus, vous ne devez plus vous battre pour chasser les péchés, ni être tourmenté. Vous pouvez toujours être joyeux en toutes circonstances.

Dieu se réjouit de ceux qui vivent selon les désirs de l'Esprit. Il leur donne les désirs de leur cœur, comme Il le promet dans le Psaume 37 :4 *«fais de l'Eternel tes délices et Il te donnera les désirs de ton cœur»*.

Si vous changez votre cœur afin qu'il soit rempli de vérité, Dieu se réjouira de vous et vous rendra toutes choses possibles. J'espère que vous serez nés d'eau et d'Esprit et que vous vivrez conformément aux désirs de l'Esprit.

## Trois témoignent : l'Esprit, l'eau et le sang

Comme je l'ai déjà expliqué, vous devez être né d'eau et d'Esprit pour être sauvé. Cependant, afin de recevoir le plein salut, vous devez être purifié de vos péchés par le sang de Jésus, en marchant dans la lumière.

Si votre cœur n'est pas purifié, vous avez toujours des péchés. Pour cela, vous avez besoin du sang de Jésus-Christ afin d'être purifié des péchés qui restent.

A ce sujet, 1 Jean 5 :5-8 nous dit :

*Qui est celui qui a triomphé du monde, sinon celui qui croit que Jésus est le Fils de Dieu? C'est Lui, Jésus-Christ qui est venu avec de l'eau et du sang ; non avec de l'eau seulement, mais avec l'eau et avec le sang ; et c'est l'Esprit qui rend témoignage, parce que l'Esprit est la vérité. Car il y en a trois qui rendent témoignage : l'Esprit, l'eau et le sang, et les trois sont d'accord.*

## Jésus vient avec l'eau et le sang

Jean 1 :1 dit *«et la Parole était Dieu»* et Jean 1 :14 *«et la Parole a été faite chair et elle habité parmi nous».* Il s'agit de Jésus, le Fils unique et la Parole de Dieu qui est venu sur la terre en chair pour pardonner nos péchés. Même aujourd'hui il continue à nous purifier par la Parole de Dieu – la Bible.

Cependant, vous ne pouvez pas vivre selon la Parole Dieu, sans l'aide du Saint-Esprit. Il est impossible de chasser des péchés par votre propre force. Vous devez recevoir l'aide du Saint-Esprit au moyen de la prière fervente, afin que vous puissiez enlever les racines de la nature pécheresse, la convoitise des yeux et l'orgueil de la vie. Alors seulement vous pourrez chasser les ténèbres dela contrevérité de votre cœur.

De plus, vous avez besoin de l'effusion de sang pour être pardonné. Dans Hébreux 9 :22 il est écrit que *«sans effusion de sang il n'y a point de pardon».* Vous avez besoin du sang de Jésus, parce que seul Son sang sans tâche ni blâme vous donne le pardon.

Vous devez croire en Jésus qui est venu en eau et en sang, et recevoir le Saint-Esprit comme un don de Dieu pour obtenir le salut, pour lequel vous avez besoin des trois témoins suivants : l'Esprit, l'eau et le sang.

S'il n'y a pas d'effusion de sang, il n'y a pas de pardon et vous êtes toujours dans le péché. Il ne suffit pas de la parole – l'eau - pour être purifié, mais aussi du Saint-Esprit pour vous aider à vivre complètement selon cette Parole. Donc ces trois sont en parfait accord.

Pour cela, après avoir été pardonné de nos péchés en acceptant Jésus-Christ, nous devons continuer à être né d'eau et d'Esprit de manière à accéder au salut parfait, tout en comprenant que les trois, l'Esprit, l'eau et le sang nous sauvent ensemble et nous conduisent au ciel.

**Chapitre 10**

# QU'EST-CE QUE L'HÉRÉSIE?

- La définition biblique de l'hérésie
- L'Esprit de vérité et l'esprit d'erreur

*Il y a eu parmi le peuple de faux prophètes et il y aura de même parmi vous de faux docteurs, qui introduisent sournoisement des sectes pernicieuses, et qui reniant le maître qui les a rachetés, attireront sur eux une ruine soudaine. Plusieurs les suivront dans leurs dérèglements, et la voie de la vérité sera calomniée à cause d'eux. Par cupidité, ils vous exploiteront au moyen de paroles trompeuses, eux que menace depuis longtemps la condamnation, et dont la ruine ne sommeille point.*

2 Pierre 2:1-3

Comme la civilisation du matérialisme s'est développée, les gens ont commencé à renier Dieu, parce qu'ils dépendent de leur sagesse et de leurs connaissances. Comme le péché s'est développé, les esprits des gens sont devenus ténèbres et les gens corrompus. C'est pourquoi beaucoup de gens sont déçus par les mensonges parce qu'ils ne sont pas à même de discerner entre la vérité et le mensonge. Ils commettent aussi l'erreur de juger les autres gens en se basant sur leurs propres connaissances exactes et leurs théories.

Dans Matthieu 12 :22-32, Jésus a guéri un homme possédé par un démon, et qui avait été aveugle et muet. Cependant, lorsque les Pharisiens ont entendu ceci, ils ont dit «cet homme ne chasse les démons que par Belzébul, le prince des démons». Ils ont prétendu que les œuvres de Dieu ont été exécutées par un démon.

Jésus leur a dit, «tout péché et tout blasphème sera pardonné aux hommes, mais le blasphème contre l'Esprit ne sera point pardonné. Quiconque parlera contre le Fils de l'homme, il lui sera pardonné ; mais quiconque parle contre le Saint-Esprit, il ne lui sera pardonné, ni dans ce siècle, ni dans le siècle à venir.»

Les pharisiens ont conclu que ce que Jésus avait fait avec la puissance de Dieu, était l'œuvre d'un démon. Ceci est un blasphème contre le Saint-Esprit. Pour cela, ces Pharisiens ne pouvaient pas être pardonnés.

Si vous discernez clairement entre la vérité et le mensonge au moyen de la Bible, vous ne jugerez personne et vous ne serez pas trompés par ce qui est faux.

Creusons plus profondément dans l'«hérésie» vu selon la perspective de Dieu, comment discerner entre l'Esprit de Dieu et les esprits impurs, ainsi que certaines sectes hérétiques dont vous devez vous méfier.

## La définition biblique de l'hérésie

Le dictionnaire d'Oxford définit «hérésie» comme étant «une confession ou une opinion qui s'oppose aux principes d'une religion particulière». Certaines personnes ne considèrent comme vrai que ce qu'elles croient, et considèrent les autres religions comme hérétiques. Par exemple, pour un Bouddhiste, le Bouddhisme est le seul vrai et droit chemin. Pour eux d'autres religions comme le Confucianisme ne sont pas vraies.

### Paul accusé d'être le Porte Parole d'une secte hérétique

Actes 24 :5 dit que *«nous avons trouvé cet homme, qui est une peste, qui excite des divisions parmi tous les juifs du monde, qui est chef de la secte des Nazaréens».* Ici «secte des Nazaréens» se réfère à une «secte hérétique», et c'est la première fois que le mot hérétique apparaît dans la Bible.

Les juifs portèrent des accusations contre Paul devant le Gouverneur parce qu'ils croyaient que l'évangile que Paul prêchait était hérétique. Paul a réfuté leurs accusations et a confessé sa foi tel que cela est relaté en Actes 24 :13-16

> *Et ils ne sauraient prouver ce dont ils m'accusent maintenant. Je t'avoue bien que je sers le Dieu de mes pères selon la voie qu'ils appellent une secte, croyant tout ce qui est écrit dans la loi et les prophètes et ayant en Dieu cette espérance, comme ils l'ont eux-mêmes, qu'il y aura une résurrection des justes et des injustes. C'est pourquoi je m'efforce d'avoir toujours une conscience sans reproche devant Dieu et devant les hommes.*

## L'Apôtre Paul était-il réellement un hérétique ?

Vous devriez regarder à la définition biblique de l'hérésie, parce que la Bible est la Parole de Dieu, la seule Entité véritable qui peut discerner la vérité du mensonge. L'expression qui implique une «secte hérétique» apparaît cinq fois dans la Bible. Cependant la définition de l'hérésie n'est donnée qu'une seule fois.

> *Il y a eu parmi le peuple de faux prophètes et il y aura de même parmi vous de faux docteurs, qui introduisent sournoisement des sectes pernicieuses, et qui reniant le maître qui les a rachetés, attireront sur eux une ruine*

*soudaine. (2 Pierre 2 :1).*

«Le Maître souverain qui les a rachetés», se réfère à Jésus-Christ. L'homme à l'origine, appartenait à Dieu et vivait selon Sa volonté. Cependant, après sa désobéissance, Adam est devenu un pécheur appartenant au diable. Cependant, Dieu eut pitié pour le peuple qui marchait sur le chemin de la mort. Dieu a envoyé Jésus, Son Fils unique en tant qu'offrande de paix, et a permis qu'Il soit crucifié, afin qu'Il puisse ouvrir le chemin du salut par Son sang.

Dieu a œuvré pour nous qui avons appartenu pour un temps au diable, afin que nos péchés soient pardonnés par notre foi en Jésus-Christ. Nous avons également reçu la vie et dès lors nous appartenons à nouveau à Dieu. C'est pour cela que nous pouvons dire que Jésus nous a racheté par Sa crucifixion, et la Bible nous dit que Jésus est «le Maître qui les a rachetés».

## Les hérétiques renient Jésus-Christ

Maintenant vous savez que «hérétiques» se réfère à «ceux qui renient le maître qui les a rachetés, attirant sur eux une ruine soudaine». Ce terme n'a jamais été utilisé jusqu'à ce que Jésus ait accompli Sa mission en tant que Sauveur. Le nom «Jésus» signifie «celui qui sauvera Son peuple de leurs péchés». «Christ» signifie le «oint». Jésus ne devint le Sauveur qu'après avoir accompli Son travail – être crucifié et ressusciter.

C'est pourquoi vous ne pouvez trouver ce terme dans l'Ancien Testament ou dans les évangiles de Matthieu, Marc, Luc et Jean, dans lesquels est racontée la vie de Jésus. Même les Pharisiens, docteurs de la Loi et les prêtres, qui ont persécuté Jésus, n'ont jamais utilisé ce terme. Il n'était pas non plus utilisé par les principaux sacrificateurs.

Uniquement après la résurrection de Jésus pour finaliser Sa mission en tant que Christ, des «gens qui renient le maître qui les a rachetés» sont apparus. Et c'est à partir de ce moment que la Bible commence à nous parler de ces hérétiques.

C'est pourquoi, si des gens croient en Jésus-Christ comme étant «le maître qui les a rachetés», ils ne sont pas hérétiques. S'ils renient cela cependant, ils sont hérétiques.

L'apôtre Paul n'a pas renié Jésus-Christ qui l'avait racheté de Son sang précieux. Au contraire, Paul rendit grâce à Jésus-Christ qu'il a proclamé partout où il est allé, et Paul a été persécuté, et il paya un prix élevé. Cinq fois il reçut de la part des juifs les quarante coups de fouet moins un. Une fois il fut lapidé, il fut emprisonné, persécuté par les Gentils et ses propres compatriotes, et il fut trahi par ceux en qui il avait confiance. Malgré tout cela, Paul devint un homme de grande puissance en surmontant toutes ces souffrances avec joie et gratitude, et en glorifiant Dieu par les innombrables guérisons parmi le peuple au nom de Jésus-Christ, et cela jusqu'au jour où il est mort en martyr.

## Paul a prêché l'évangile en démontrant la puissance de Dieu

Vous devez savoir que la puissance de Dieu ne peut pas être

démontrée par ceux qui renient Dieu le Créateur et Jésus-Christ qui par nature est Dieu, parce que la Bible nous dit de manière explicite *«Dieu a dit une chose, et il l'a répétée, et je l'ai entendue : la puissance est à Dieu»* (Psaume 62 :12 Version Semeur).

Vous ne devez pas juger une personne qui démontre la puissance de Dieu, parce que cette puissance prouve que Dieu est avec lui et que cette personne L'aime grandement. Dans Galates 1 :6-8, Paul, qui était surnommé un chef de la secte des Nazaréens, nous recommande strictement de ne pas suivre ou prêcher un évangile autre que le message de la croix :

> *Je m'étonne de ce que vous vous détourniez si promptement de celui qui vous a appelés par la grâce de Dieu, pour passer à un autre évangile. Non, pas qu'il y ait un autre évangile, mais il y a des gens qui vous troublent et qui veulent altérer l'Evangile de Christ. Mais si nous-mêmes, si un ange du ciel annonçait un évangile s'écartant de celui que nous vous avons prêché, qu'il soit anathème!*

Même aujourd'hui, certaines personnes sont qualifiées d'hérétiques, et ce malgré qu'ils n'ont jamais renié Jésus-Christ, mais seulement prêché l'évangile de Christ et proclamé le Dieu vivant par une démonstration et les œuvres de Sa puissance.

## Ne jugez pas au hasard les autres comme hérétiques

J'ai aussi enduré et souffert une série d'épreuves, en étant accusé d'hérésie, tandis que je démontrais la puissance de Dieu et que mon église grandissait. En fait, la taille de la congrégation a dépassé les 120.000 membres au cours des trois dernières décades, depuis que l'église a été fondée en 1982.

J'ai souffert de nombreuses maladies pendant sept années et j'ai été guéri instantanément par la puissance de Dieu. Alors j'ai essayé de vivre pour la gloire de Dieu, que je mange ou boive de la manière où l'apôtre Paul le faisait. J'ai remis ma vie entre les mains de Dieu et je l'ai concentrée sur «seulement Jésus, toujours Jésus».

Depuis le temps où j'étais un simple membre de l'église, j'ai toujours essayé de témoigner de ce que Dieu m'avait guéri et de prêcher l'évangile. Après mon appel en tant que serviteur de Dieu, j'ai prêché le message de la croix et proclamé le Dieu vivant et Jésus le Sauveur. J'ai même témoigné de Dieu lorsque j'officiais à un mariage, parce que je souhaitais ardemment conduire plus de gens sur le chemin du salut.

J'ai réalisé que la merveilleuse Parole de Dieu, ainsi que l'évidence du Dieu vivant étaient toutes deux nécessaires pour être un témoin du Seigneur jusqu'aux extrémités de la terre. Ainsi, j'ai prié ardemment tout comme l'ont fait les précurseurs de la foi, pour recevoir la puissance de Dieu, et j'ai traversé toutes les épreuves qui se sont présentées à moi avec joie et gratitude.

Parfois, c'était des épreuves qui ressemblaient à la mort.

Cependant, comme Jésus a reçu la gloire de la résurrection, après Sa mort sans blâme, Dieu a augmenté ma puissance conformément à Sa volonté chaque fois que je surmontais une à une les épreuves.

Le résultat de ceci est que chaque fois que j'ai témoigné la preuve que Dieu est le seul vrai Dieu et que vous recevez le salut lorsque vous croyez au Seigneur Jésus-Christ, et cela dans le monde entier – au Kenya, Ouganda, Honduras, Japon, et même dans le très Musulman Pakistan et l'Inde Indoue – depuis l'an 2000, des dizaines de milliers de gens se sont repentis, les aveugles ont recouvré la vue, les muets ont parlé, les sourds ont entendu, et de nombreuses maladies incurables telles que le Sida et divers cancers furent guéris. Ces miracles ont grandement glorifié Dieu.

Pour cela, lorsqu'on comprend pleinement ce qu'est l'hérésie, on ne peut pas accuser les autres d'hérésie sans discernement. Dans Actes 5 :33-42, vous lisez à propos de Gamaliel, un enseignant de la Loi, qui était honoré de tous. Comment a-t-il agi?

A cette époque, les Pharisiens du Sanhédrin ont interdit à Pierre et à Jean de témoigner de Jésus-Christ, mais ils étaient remplis du Saint-Esprit, et ils n'ont pas obéi au conseil. Donc, les membres du Sanhédrin voulaient mettre les apôtres à mort. Cependant, Gamaliel s'est levé dans le Sanhédrin et a ordonné que les hommes soient amenés à l'extérieur pour un moment. Ensuite il s'est adressé au conseil :

*Hommes, israélites, prenez garde de ce que vous allez*

*faire à l'égard de ces gens…. Et maintenant je vous dis, ne vous occupez plus de ces hommes, et laissez-les aller. Si cette entreprise ou cette œuvre vient des hommes, elle se détruira ; mais si elle vient de Dieu, vous ne pourrez la détruire. Ne courez pas le risque d'avoir combattu contre Dieu (Actes 5 :35-39).*

Tandis que vous lisez ce passage, vous réalisez que si une œuvre miraculeuse ne vient pas de Dieu, elle échouera en fin de compte, même si les hommes ne font rien, pour l'arrêter. Et même s'ils essaient de s'opposer ou de troubler les œuvres qui sont de Dieu, ils ne seront pas capables d'arrêter ces œuvres. Au contraire, leur effort s'apparente à lutter contre Dieu, et ils seront sujets à Son jugement et à Sa punition.

Parfois, des gens jugent les autres comme hérétiques, à cause de différences d'interprétation de la Bible, de visions du Saint-Esprit et même le parler en langues, et ce malgré le fait qu'ils reconnaissent la Trinité et le fait que Jésus-Christ est venu dans la chair.

Certaines personnes disent même qu'ils n'ont pas besoin des visions ou du parler en langues, et que ces œuvres du Saint-Esprit sont fausses, parce qu'il n'y a aucune référence à Jésus parlant en langues ou ayant des visions. Cependant, la Bible dit que ces choses sont bonnes pour nous :

*Or à chacun, la manifestation de l'Esprit est donnée pour l'utilité commune. En effet, à l'un est donnée par l'Esprit une parole de sagesse ; à un autre, une parole*

*de connaissance, selon le même Esprit ; à un autre la
foi, par le même Esprit ; à un autre le don des
guérisons, par le même Esprit ; à un autre le don
d'opérer des miracles ; à un autre la prophétie ; à un
autre, le discernement des esprits ; à un autre la
diversité des langues ; à un autre l'interprétation des
langues. Un seul et même Esprit opère toutes ces
choses, les distribuant à chacun en particulier, comme il
veut (1 Corinthiens 12 :7-11).*

Par conséquent, vous ne devez pas persécuter ou juger ceux
qui ont différents dons de l'Esprit en tant qu'hérétiques,
uniquement parce que vous ne pouvez les expérimenter vous-
mêmes.

## L'Esprit de vérité et l'esprit d'erreur

Dans 2 Pierre 2 :1-3, il y a une explication au sujet de l'hérésie.
La Bible vous met en garde contre de faux prophètes et de faux
docteurs, qui introduisent secrètement des hérésies destructives
*«plusieurs les suivront dans leurs dérèglements, et la voie de
la vérité sera calomniée à cause d'eux. Par cupidité, ces
docteurs vous exploiteront au moyen de paroles trompeuses,
eux que menace depuis longtemps la condamnation, et dont la
ruine ne sommeille point»* (2 Pierre 2 :2-3).
Il est aussi dit dans 1 Jean 4 :1-3 *«bien-aimés, n'ajoutez pas
foi à tout esprit ; mais éprouvez les esprits pour savoir s'ils*

*sont de Dieu, car plusieurs faux prophètes sont venus dans ce monde. Reconnaissez à ceci l'Esprit de Dieu : tout esprit qui confesse Jésus-Christ venu en chair est de Dieu; et tout esprit qui ne confesse pas Jésus n'est pas de Dieu, c'est celui de l'antéchrist, dont vous avez appris la venue, et qui maintenant est déjà dans le monde».*

## Testez chaque esprit pour savoir s'il est ou non de Dieu

Il y a de bons esprits qui viennent de Dieu et qui vous mènent vers le salut, alors qu'il y aussi des esprits impurs qui vous trompent pour la destruction.

D'une part, celui qui a reçu l'Esprit de Dieu reconnaît que Jésus-Christ est venu dans la chair. Il croit dans la Trinité – Dieu, Jésus-Christ et le Saint-Esprit, et ainsi il est scellé en tant qu'enfant de Dieu. Il peut comprendre la vérité et vivre selon cette vérité avec l'aide du Saint-Esprit.

D'autre part, celui qui a l'esprit de l'Antéchrist s'oppose à Jésus-Christ avec la Parole de Dieu et renie Sa rédemption. Vous devez être prudents et capables de discerner les antéchrists, parce qu'un antéchrist travaille souvent parmi les croyants en déformant la Parole de Dieu.

De toute manière, renier Jésus-Christ n'est pas différent d'un combat contre Dieu qui L'a envoyé dans ce monde.

La Bible nous met en garde au sujet de l'antéchrist dans 2 Jean 1 :7-8, comme suit :

*Car plusieurs séducteurs sont entrés dans le monde, et
ne déclarent pas publiquement que Jésus-Christ est venu
en chair. Celui qui est tel, c'est le séducteur et
l'Antéchrist. Prenez garde à vous-mêmes, afin que vous
ne perdiez pas le fruit de votre travail, mais que vous
receviez une pleine récompense.*

1 Jean 2 :19 est une autre mise en garde pour nous :

*Ils sont sortis du milieu de nous, mais ils n'étaient pas
des nôtres ; car, s'ils avaient été des nôtres, ils seraient
demeurés avec nous, mais cela est arrivé, afin qu'il soit
manifeste que tous ne sont pas des nôtres.*

Il y a deux sortes d'antéchrists : l'homme qui est possédé par
l'esprit de l'antéchrist et l'homme qui est trompé par l'esprit de
l'antéchrist. Ils essaient tous deux de tromper les hommes
partout où se trouve le Saint-Esprit. Ils accaparent les hommes
pour s'opposer à la Parole de Dieu et les trompent par leurs
pensées. Les personnes dont les pensées sont continuellement
contrôlées par l'esprit de l'antéchrist sont appelés «possédés de
démons».

Si un serviteur de Dieu travaille avec l'esprit de l'antéchrist, les
membres de cette église continueraient à avancer vers le chemin
de la destruction, prisonniers de l'esprit de l'antéchrist.

C'est pourquoi, vous devez connaître clairement l'Esprit de
vérité et l'esprit d'erreur, de manière à ne pas être trompé par
l'esprit de l'antéchrist, mais de vivre selon la vérité et la lumière.

## Comment discerner les esprits?

1 Jean 4 :5-6 dit *«eux ils sont du monde, c'est pourquoi ils parlent d'après le monde et le monde les écoute. Nous, nous sommes de Dieu ; celui qui connaît Dieu, nous écoute ; celui qui n'est pas de Dieu ne nous écoute pas : c'est par là que nous connaissons l'Esprit de la vérité et l'esprit de l'erreur».* Le mot «erreur» se réfère à «une affirmation qui est fausse». L'esprit d'erreur est l'esprit du monde qui vous trompe en vous faisant croire ce qui est faux comme si c'était vrai, et cela vous éloigne des liens de la foi. En effet, celui qui est de Dieu écoute la Parole de vérité, mais celui qui appartient au monde écoute les choses mondaines et non la vérité. Il est donc facile de les reconnaître ; si vous connaissez la vérité, il devient évident de savoir s'il s'agit de lumière ou de ténèbres. Alors vous pouvez dire «telle personne est dans la vérité, mais telle autre est dans les ténèbres.»

Par exemple, si quelqu'un dit un dimanche «Allons pique niquer cet après midi. Assistons seulement au culte du matin, c'est tout aussi bon non?». S'il essaie de détruire le royaume de Dieu en faisant de mauvaises tromperies, et qu'il prétende encore croire en Dieu, cela est l'œuvre de l'esprit d'erreur.

Vous pouvez comprendre de nombreuses choses que Dieu vous donne gratuitement si vous recevez l'Esprit de vérité qui est de Dieu (1 Corinthiens 2 :12). C'est pour cela que le Saint-Esprit demeure en vous – précieux enfant de Dieu. Il est l'Esprit de vérité et vous conduit dans toute la vérité. Il ne parle pas de lui-même ; Il ne dit que ce qu'Il entend, et Il vous annoncera les choses à venir.

C'est pourquoi, Jésus dit dans Jean 14 :17 *«l'Esprit de vérité que le monde ne peut recevoir, parce qu'il ne le voit point et ne le connaît point ; mais vous vous le connaissez, car Il demeure avec vous, et Il sera en vous».* Jean 15 :26 nous donne un autre rappel du Saint-Esprit *«quand sera venu le consolateur, que je vous enverrai de la part du Père, il rendra témoignage de Moi».*

1 Corinthiens 2 :10 dit aussi *«Dieu nous les a révélées par l'Esprit, car l'Esprit sonde tout, même les profondeurs de Dieu».* Comme c'est écrit, le Saint-Esprit est le seul qui connaît et perçoit totalement la pensée de Dieu.

En conséquence, ceux qui ont reçu l'Esprit de vérité écoutent la Parole de vérité et lui obéissent. Au plus le Royaume de Dieu et Sa justice s'étendent, au plus ils se réjouissent. Ils sont pleins de vie, aspirant au royaume céleste.

Cependant, certains assistent au culte sans joie parce qu'ils ne possèdent pas une foi générée par Dieu. Ils appartiennent toujours au monde et préfèrent les choses mondaines, telles l'argent et les plaisirs. C'est pourquoi, ils ne peuvent pas vivre dans la vérité, ni aspirer au royaume céleste, ni aimer Dieu de tout leur cœur.

Finalement, ces gens quittent Dieu à cause de l'esprit d'erreur, parce qu'ils appartiennent au monde et n'ont pas l'Esprit de vérité. De même, si quelqu'un critique et calomnie d'autres frères et sœurs dans la foi, ou troublent leur désir de rester fidèle au royaume de Dieu et à Sa justice, il n'est pas de l'Esprit de vérité.

## Que personne ne vous détourne

1 Jean 3 :7 nous incite comme suit *«petits enfants, que personne ne vous séduise»*. Vous ne devez pas vous éloigner de la Parole de Dieu afin de ne pas être trompés par une connaissance mensongère, parce que seule la Parole de Dieu peut vous enseigner. Alors seulement, vous recevrez le salut complet, serez prospères dans ce monde et vous réjouirez de la vie éternelle dans le royaume céleste.

Cependant, le diable fait tous les efforts possibles pour empêcher les enfants de Dieu de vivre par la Parole, et il vous incite à faire des compromis avec le monde, en vous détournant de Dieu, en doutant de Lui et en vous opposant à Lui. Dans 1 Pierre 5 :8, il est écrit «... *votre ennemi le diable rôde comme un liant rugissant, cherchant qui dévorer»*.

Comment donc l'ennemi le diable peut-il tromper les enfants de Dieu? Vous pouvez comparer ceci à une femme qui est tentée par un homme. Si une femme conserve grâce et dignité, et se comporte de manière correcte, les hommes n'oseront pas la tenter. Au contraire les hommes osent tenter les femmes qui ne se comportent pas correctement. De la même manière, l'ennemi Satan s'approchera de celui qui n'est pas ferme dans la vérité et qui doute de Dieu. Le diable tente de telles personnes pour les éloigner de Dieu, les inciter à s'opposer à Lui et finalement les conduire sur le chemin de la mort. Eve a aussi été tentée par le diable parce qu'elle avait baissé la garde en tordant la Parole de Dieu.

Bien sûr, vous pouvez faire face à des épreuves même si vous n'avez pas de faute. C'est parce que Dieu veut vous bénir, de la même manière où vous pouvez le voir dans les épreuves de Daniel, qui a été précipité dans la fosse aux lions, et d'Abraham, à qui Il demanda de sacrifier son fils comme offrande.

Lorsque vous faites face à des épreuves ou des difficultés, parce que vous ne demeurez pas fermement dans la vérité, vous devez immédiatement vous détourner de votre péché dans la repentance, chasser toute tentation et épreuve au moyen de la Parole de Dieu, et finalement, faire de votre mieux pour demeurer fermes sur le rocher de la vérité.

## Tenez ferme dans la vérité ; ne soyez pas trompés

Dans 1 Timothée 4 :1-2, l'auteur écrit *«mais l'Esprit dit expressément que dans les derniers temps, quelques uns abandonneront la foi pour s'attacher à des esprits séducteurs et à des doctrines de démons, par l'hypocrisie de faux docteurs portant la marque de la flétrissure dans leur propre conscience».*

Ceci se réfère à des temps ultérieurs où certaines personnes qui prétendent avoir la foi, se détourneront de leur foi en suivant des esprits séducteurs et des choses annoncées par des démons.

Ces trompés sont hypocrites, même si leurs actes semblent corrects et fidèles. Ils prient devant les autres, et essaient d'être fidèles à cause de l'argent, et non par gratitude pour la grâce de Dieu. Finalement, ils abandonnent leur foi et vont sur le chemin de la mort parce que leurs consciences sont comme scellées comme avec un fer rouge à cause du mensonge, d'une vie sans vérité et de la compromission avec les plaisirs du monde.

Dieu vous met expressément en garde au travers de la Bible de ne pas être trompé. Jésus nous prévient dans Matthieu 7 :15-16 : *«gardez vous des faux prophètes, ils viennent à vous en vêtements de brebis, mais au-dedans, ce sont des loups ravisseurs. Vous les reconnaîtrez à leurs fruits. Cueille-t-on des raisins sur des épines ou des figues sur des chardons?»*

Les paroles et les œuvres de quelqu'un reflètent ses pensées et sa volonté. Cela signifie que l'on peut reconnaître les gens à leurs fruits. Si quelqu'un montre des fruits du mal, tels la haine, l'envie et la jalousie au lieu des fruits de vérité, bonté et justice, il est un faux prophète.

Beaucoup de faux prophètes, l'antéchrist sont déjà présents dans ce monde. Pour cela, les enfants de Dieu doivent avoir une claire compréhension de l'hérésie, et discerner entre l'Esprit de vérité et l'esprit d'erreur.

L'ennemi Satan et le diable ne ratent jamais l'opportunité de tromper les enfants de Dieu et de les faire pécher dès qu'ils s'éloignent de la vérité. Lorsque vous êtes fermes dans la vérité et lui obéissez, vous ne serez pas trompés par l'esprit d'erreur, mais vous le vaincrez facilement, même s'il s'approche de vous.

Vous ne devez accepter ou adhérer à aucun autre enseignement ou être trompés par de tels enseignements, qui s'opposent à la vérité. Au contraire, obéissez à la Parole de Dieu et suivez les désirs du Saint-Esprit afin que vous soyez courageux et sans blâme au jour de la Seconde Venue du Seigneur Jésus-Christ.

Jésus nous dit que *«l'homme bon puise de bonnes choses de*

*son bon trésor, et l'homme mauvais puise de mauvaises choses de son mauvais trésor. Mais je vous dis que les hommes auront à rendre compte au jour du Jugement pour toute parole vaine qu'ils auront prononcée. Car par tes paroles tu seras justifié et par tes paroles tu seras condamné»* (Matthieu 12 :35-37).

L'homme bon a un bon cœur et ne peut provoquer de mal et léser les autres, que l'acte soit ou non profitable pour lui.

Cependant, l'homme mauvais ne peut se réjouir dans la vérité. Il apporte toutes sortes de mauvaises choses pour blesser les autres par son envie et sa jalousie. Même si ses paroles semblent être justes et bonnes, vous ne pouvez pas dire qu'il est un homme bon s'il essaie de parler mal des autres ou de séparer une personne de son frère.

En raison de cela, vous devez toujours prier et prendre garde afin de ne pas être trompés. Vous devez être capable de discerner quel esprit est vrai ou faux et ne jamais juger les autres. De plus, vous devez tenir ferme par la foi en la Trinité – Père, Fils et Saint-Esprit, croire en toute la Bible lui obéir et vivre selon elle.

«Viens Seigneur Jésus!»

## L'auteur:
# Le Révérend Dr. Jaerock Lee

Dr. Jaerock Lee est né à Muan, dans la province de Jeonnam , en République de Corée, en 1943. Dans la vingtaine, le Dr. Lee a souffert d'une variété de maladies incurables pendant sept ans et il attendait la mort sans espoir de guérison. Un jour du printemps de 1974, il fut cependant conduit à l'église par sa soeur et quand il s'est agenouillé pour prier, le Dieu vivant l'a instantanément guéri de toutes ses maladies.

Dès l'instant où le Dr. Lee a rencontré le Dieu vivant au travers de cette merveilleuse expérience, il a aimé Dieu de tout son cœur et en toute sincérité, et en 1978 il fut appelé en tant que serviteur de Dieu. Il pria avec ferveur pour qu'il puisse clairement comprendre la volonté de Dieu, l'accomplir entièrement, et il a obéi à toute la Parole de Dieu. En 1982, il a fondé l'Eglise Centrale Manmin à Séoul, en Corée, et d'innombrables œuvres de Dieu, y compris des guérisons miraculeuses et des prodiges ont eu lieu dans son église.

En 1986, le Dr. Lee fut ordonné en tant que pasteur à l'Assemblée annuelle de l'église Sungkyul de Jésus de Corée, et quatre ans plus tard, en 1990, ses sermons commencent à être retransmis par la Société de Radiodiffusion d'extrême orient, la Station de Retransmission et le Système de Radio Chrétienne de Washington vers l'Australie, la Russie, les Philippines, et beaucoup d'autres.

Trois ans plus tard en 1993, l'église Centrale Manmin fut sélectionnée comme l'une des «50 premières églises au Monde» par le magazine *Monde Chrétien* (USA) et il reçut un doctorat honoraire en Divinité du Collège Chrétien de la foi, en Floride, aux Etats-Unis, et en 1996, un Ph. D. dans le ministère par le Séminaire Théologique Kingsway, à Iowa, aux Etats-Unis.

Depuis 1993, le Dr Lee a pris la tête dans la mission mondiale au travers de nombreuses croisades outre-mer en Tanzanie, en Argentine, à Los

Angeles, à Baltimore City, à Hawaii, et à New York City des Etats-Unis, en Ouganda, au Japon, au Pakistan, aux Philippines, au Honduras, en Inde, en Russie, en Allemagne, au Pérou, en République démocratique du Congo, en Israël et en Estonie. En 2002, il fut appelé «pasteur mondial» par les principaux journaux chrétiens en Corée, pour son oeuvre dans diverses grandes croisades de l'unité.

Depuis Février 2012, l'église Centrale Manmin a une assemblée de plus de 120.000 membres. Il y a 10.000 églises branches en Corée et outremer partout dans le monde, et à ce jour elle a envoyé plus de 129 missionnaires vers 23 pays, y compris les États-Unis, la Russie, l'Allemagne, le Canada, le Japon, la Chine, la France, l'Inde, le Kenya et de nombreux autres.

À ce jour, le Dr. Lee a écrit 64 livres, parmi lesquels les best-sellers *Goûter à la Vie Éternelle vie avant la Mort, Ma Vie Ma Foi, I & II, Le Message de la Croix, La Mesure de Foi, Le Ciel I & II, Enfer* et *La Puissance de Dieu*. Ses œuvres ont été traduites en plus de 73 langues.

Ses chroniques chrétiennes paraissent sur les journeaux : *Hankook Ilbo, Chosun Ilbo, JoongAng Daily, Chosun Ilbo, Dong-A Ilbo, Munhwa Ilbo, Seoul Shinmun, Kyunghyang Shinmun, Hankyoreh Shinmun, Korea Economic Daily, Korea Herald, Shisa News* et *Christian Press*.

Le Dr Lee est en ce moment leader de nombreuses organisations missionnaires et associations: y parmi lesquelles l'Eglise de Sanctification unifiée de Jésus-Christ (président); la Mission Mondiale Manmin (président); l'Association pour la Mission du Réveil Mondial du Christianisme (président permanent), Manmin, Réseau Global Chrétien (GCN) (fondateur et président du Conseil), Réseau de Médecins Chrétiens du Monde (WCDN) (fondateur et président du conseil); Séminaire International Manmin (MIS) (fondateur et président du conseil).

### Ciel I et II

Une esquisse détaillée de l'environnement de vie merveilleux dont jouiront les citoyens célestes au milieu de la gloire de Dieu.

### Le Message de la Croix

Un puissant message de réveil pour tous les peuples qui sont spirituellement endormis. Dans ce livre, vous trouverez le véritable amour de Dieu et pourquoi Jésus est notre seul Sauveur.

### Enfer

Un message sérieux de Dieu à toute l'humanité, qui souhaite que même pas une seule âme ne tombe dans les profondeurs de l'enfer! Vous découvrirez le compte rendu jamais révélé auparavant de la cruelle réalité de l'Hadès et de l'enfer.

### Ma Vie, Ma Foi I et II

L'autobiographie du Dr. Jaerock Lee produit les plus odorant arôme spirituel pour les lecteurs, au travers de sa vie extraite de l'amour de Dieu qui a fleuri au milieu de vagues ténébreuses, d'un joug glacial et d'un profond désespoir.

### Goûter à la Vie Eternelle avant la Mort

Les mémoires témoignage du Révérend Dr. Jaerock Lee qui est né de nouveau et sauvé de la vallée de la mort et a vécu une vie chrétienne exemplaire.

### La Mesure de Foi

Quel type de lieu de séjour céleste et quelles espèces de couronnes sont préparés dans le ciel? ce livre donne sagesse et direction pour mesurer votre foi et cultiver la foi la plus parfaite et mature

### La Puissance de Dieu

Un must à lire qui sert en tant que guide essentiel par lequel on peut posséder la foi véritable et expérimenter la merveilleuse puissance de Dieu.

### Réveille-toi Israël

Pourquoi Dieu a-t-il gardé les yeux fixés sur Israël depuis le commencement du monde jusqu'à ce jour? Quel type de providence a été préparée pour Israël qui attend le Messie dans les derniers jours.